The Other Poetry of Barcelona

The Other Poetry of Barcelona

Spanish and Spanish-American Women Poets

Edited by Carlota Caulfield and Jaime D. Parra

Introduction by Jaime D. Parra

Poems by

Neus Aguado, Nicole d'Amonville Alcgría, Carmen Borja,
Carlota Caulfield, Marga Clark, Mariana Colomer,
Gemma Ferrón, Concha García, Rosa Lentini,
Gemma Mañá Delgado, M. Cinta Montagut, Ana Nuño,
Teresa Pascual, Susanna Rafart, Teresa Shaw,
Anabel Torres, and Esther Zarraluki

Translated by Montserrat Abelló,
Mary G. Berg, Jonathan Boulting,
Carlota Caulfield, Marga Clark,
Angela McEwan, Stacy McKenna,
Ana Osán, and Anabel Torres

An imprint of InteliBooks *Publishers*
Oakland, California

The poems by Neus Aguado, Nicole d'Amonville Alegría, Carmen
Borja, Carlota Caulfield, Marga Clark, Mariana Colomer, Gemma
Ferrón, Concha García, Rosa Lentini, M. Cinta Montagut, Ana Nuño,
Teresa Pascual, Susanna Rafart, Teresa Shaw, Anabel Torres, and Esther
Zarraluki appear by permission of the authors. Copyright © 2004 of the
original poems in every case is held by the respective author.
The poems by Gemma Mañá Delgado, copyright ©2004, are published
by permission of The Estate of the poet.

English language translation copyright © 2004 by Montserrat Abelló,
Mary G. Berg, Jonathan Boulting, Carlota Caulfield, Marga Clark,
Angela McEwan, Stacy McKenna, Ana Osán, and Anabel Torres.

Publication of this book was made possible, in part, by a summer
research grant from Mills College.

Cover Design: Damion Gordon — BPT/Graphx.
Cover Illustration: "Frente al espejo" by MaE.

ISBN: 0-9711391-8-0

This book was printed in the United States of America.
To order additional copies of this book contact:

InteliBooks (Oakland, California)
www.intelibooks.com
orders@intelibooks.com

Acknowledgments

I have been privileged to participate in many conversations on poetry and language at the home of Jaime D. Parra in Barcelona. This book originated in his garden exactly one year ago, during one of many such stimulating discussions.

Although the responsability for the final selection and editing of the poems was mine, without Jaime D. Parra, my co-editor, and above all, endlessly helpful Anabel Torres, this book would not have been completed. Anabel was an active participant in this project, helping me with her keen critical translator's eye. Being a poet herself, her reading of the manuscript made an immeasurable difference in the outcome of this book. Her e-mail messages of support and her suggestions throughout the months of July and August 2003 carried me through the last steps of the editing process.

I would also like to thank Stacy McKenna for translating and working with me in many ways on this project, and express my appreciation to Mary G. Berg and Angela McEwan, whose comments and insights were invaluable.

To the poets included in the anthology, many thanks for their generosity in granting permission to translate and publish their poems. Finally, my deepest debt to the translators who participated in this project; to Carme Jounou and Iris Parra, and the *jilguero*, for their nurturing ways; to Carme Riera and Tommy Roses, for their hospitality in June 2003 during my stay in Barcelona and, finally, to Servando González at InteliBooks, for making the publication of this anthology possible.

C.C.

Contents

La poesía otra de Barcelona / 119

Introduction

The Other Poetry of Barcelona

The *other* poetry of Barcelona has been thriving for some time now. It has emerged wherever poets meet to read their poems, in published plaquettes and during other artistic events. It is to be found on the metro, at *Hora de Poesía*, the Academia Iberoamericana, Aula de Poesía, Café Central and La Casa del Libro. However, it has not yet been assembled into a book. Although its authors may have been included in books, reviews and national poetry selections, some even meriting literary prizes, a broad selection of their work does not exist as yet.

Among the few publications in which these poets do appear, we have *Ficciones* (Granada, 2002), gathering in one volume poets who live in Barcelona and write in Spanish, and the anthology *Las poetas de la búsqueda* (Women Poets on a Quest) (Zaragoza, 2002), including work by several of the authors mentioned here. Little else is to be found. Thus the need arose for the present book, dedicated to a group of Spanish and Spanish-American poets, all women, who for one reason or another have Barcelona as their point of reference. They write in Spanish or Catalan and are tightly linked, despite differences in their styles, tastes and even languages. *The Other Poetry* is a collection of these voices, which have grown and developed around Barcelona in recent years.

We might say that three mainstreams can be distinguished in the work of these poets: one marked essentially by the *quest* for the transcendental; one concerned with *everyday realities and their limits*, and a third interested, above all, in *intertextuality* or the relation between texts.

The poets of the first stream write poetry that feeds on their inner lives, emphasizing the power of the imagination, memory and experience. Its ambiance tends to be the sacred, seen from various vantage points: love, dreams, death. Essential references for these poets are the Anglo-Germanic Romantics (Blake, Novalis, Hölderlin), German Expressionists (Trakl, Rilke), the avante-garde Latin Americans (Vallejo, Huidobro), Greek or French tragedians (Sophocles, Racine), the Arthurian world (Chrétien de Troyes, Wolfram von Eschenbach), mediaeval love poetry (Dante, Petrarca, Ausias March, the Troubadours), the Cabala (Zohar, Abulafia), Sufism (Attar, Ibn Arabi) and, among more contemporary influences, Gamoneda.

The second stream is more concerned with ordinary daily lives, seeking expression in the tangible and the immediate. It usually unfolds in urban settings and its optic is critical, ironic, though at times it can also be tender and intimate. This poetry focuses on exploring things, on every-day occurrences, on celebrating the world of objects, but also trying to keep a distance from these. It deals with what relates to the individual in a modern metropolis. It is poetry linked in various ways to some exponents of the Generation of '27 — Guillén, Salinas, Cernuda — and to authors like Francis Ponge, Emily Dickinson, Sylvia Plath, Clarice Lispector, Adrienne Rich and Ingeborg Bachmann.

The third poetic stream has more formal overtones. Although it may have had other origins, such as journeys, exile, change in the times, the poem is crafted from the form itself. It may even make use of contrasting media, ranging from minimalism to audio-visuals. Thus any text is a possible reference here, from the world of Sappho to Lezama Lima, from the Tao to the Welsh *Mabinogion*, from Propertius to Samuel Beckett, from Shakespeare to Bashô, from visual to digital poetry. How the poem makes *us* is more important here than how *we* make the poem. The three streams may touch and flow together at times, but they have very clearly-defined borders of their own.

One important part of poetry devoted to the *quest* is concerned with *the transit through night* and *death as a creative force*. We know that night and death reappear haphazardly; this is exactly what has happened during the last decade. Here night and death as themes not only imply a scriptural experience, but a mystic one or *quête*. Such is the case with Carmen Borja, Teresa Shaw, Rosa Lentini, Marga Clark and Gemma Mañá: transit through night, intimate experiences.

The poems by Carmen Borja are intense and desolate in the *Libro de Ainakls* (1988, Book of Ainakls), genuine omen of a death foretold, whose route goes from the Germanic *minnesänger* to the Homeric world and from the latter to the Celtic. The book is created like a night journey to the mythical land of Evin, where Ainakls, the foreigner, carries his abyss like the ancient heroes, aware of his exile among men and of the high price paid for being different. And the vision of the *Libro de la Torre* (2000, Book of the Tower) has something in common with this. It is an intense love song, its lament for the loss of the beloved soaring to extraordinary lyrical heights. A sense of voluntary withdrawal remains a constant and one finds, in the end, what was at the beginning: silence. These poems may be associated with Hölderlin's *Empedocles* and the nights of Novalis and San Juan de la Cruz. They evoke illumination and communion with the sacred, for transfiguration is what they are all about. "And death arrived just then. / The sacred cedar forest came to you. And the foreign god, condemned to the song. The mad hero on a strange beach. The supplicant ripping the purest silence. The angel that calls at any door." This is its breathing tempo, but before the end, the book opens to a new light, a light that is absorbed, like tradition, and transforms the speaker. Borja entered poetry one day, like others enter religion, leaving behind all criticism, obligations and distracting noises.

The night of Teresa Shaw is also tense, especially in her book *Evocación de la luz* (1996, Evocation of Light), immersed in the world of Racine's *Fedra*. Written as a series of loose fragments, here Fedra's night does not tell of remorse but of the character's genuine conscience, of her search for the light. From there, also, springs the epigraph of Lezama Lima, which gives the work its title. We find another reading on death in her book *Destiempo* (2003, Non Time), appearing like the image of a huge heap of debris, approaching certain visions of Gamoneda and Vallejo. Through it, one can also appreciate a "journey towards dispossession." The notion of "non time" does not refer to time as measured by clocks, but to one lived torn or an "archaic current reality." This way she creates "snapshots" stemming from various icons (photographs) and recreating a series of visions, in which words themselves convey the dispossession of language. The writing itself is assimilated to a corpse, maximizing itself in the "coldness of the limits" as Jacques Ancet called it, in the paradox of nothingness; it is reflexive poetry, poetry of reflections or "metaphysical realism," according to Jaime Siles. And there is nothing comparable to the powerful start of that intense poem that explodes, transgressing limits: "Now that I have died, / I will weave a crown / of flowers and hang a garland / from each door of the house. / Then, I will wash my body." Like for Poe's heroines, how untimely beauty begins!

In contrast, the night of Rosa Lentini is one of vigil and insomnia. So it is revealed in the poems of *La noche es una voz soñada* (1994, Night is a Voice One Dreams). These short poems takes us right into the world of Yves Bonnefoy, whose *Du Mouvement et de L'Immobilité de Douve* (1953, *On the Motion and Immobility of Douve*, 1992) acts as Lentini's guiding lodestar. Her poems, in verse or prose, connect the various verbal persons, weaving voices "like blind threads" into a " history mended in the dark." Another creative impulse is what Lentini extracts from her travels and experiences, an impulse erasing the distinction between "near" and "far" evident in *El sur hacia mí* (2001, The South Coming My Way), in which she recreates the phenomenon of "the big wave," the *tsunami*, reminding us that death always lies in wait and always arrives. It will come and triumph, but rebirth is always there also, like the phoenix rising from its ashes. Thus, behind a reality like the *tsunami*, what we have here is a time for reconstruction; a huge unthawing. Lentini inserts dreams into these poems, in which the poetic voice actually descends to the basement, the subconscious, ultimately defending herself with a protective wall or the image of a heron, a benign talisman against death. The heron represents poetic intuition which, after omens and disasters, emerges glittering over the horizon; a white light shining in the afternoon's mirage or in the inner night. Thus the poet pushes forward —Daphne, the roses, the path — and in one of the last poems she writes: "Your footprints / tread on my soil, / mine on your ashes. / Green happens / like a story / of exchanges."

Death as a core also appears in Marga Clark's books, *Del sentir invisible* (1999, Of Invisible Feeling) and *Auras* (2001, Auras) written at nocturnal intervals and later associated with photographs taken by her in a Venetian graveyard. As Gamoneda calls it, here we have an ensemble of *prose in poems,* having a wholly dreamlike basis. Based on couplings, sets of opposites converge in these texts, in the style of Quevedo or Porchia, their structure hinging on the four elements, inverted at times: dust before *earth,* rust before *air,* ash more than *fire,* blood more than *water:* poetry and foreboding. This explains Clark's obsession with verbs in the future tense and the vocative form: "You will arrive, consumed by fire, intoxicated by poems and tarred seaweed. Frail and docile you will arrive concealing yourself from the blue ash of dreams." Marga Clark admits that she "is on the edge of the divide between the visible and the invisible," but she does not keel over. Thus she advances, leaning on "memories of the past, illuminated by lights and shadows," but also knowing how to keep her distance. Other books by her follow a similar pattern, such as *Pálpitos* (2002, Heartbeats), less dreamlike but also deep into symbolism, reminding us, among many other references, of Elémire Zolla or *Amnios* (2003), triptych about "being before being," quests and losses.

All on their own stand the poems of Gemma Mañá, whose quatrains are full of premonitions. Her poetry links her with the Generation of '27 —Guillén, Salinas, part of Cernuda— , in its essence, so close to silence but also to Catalonian poetry, the metaphysical

English poets and poets like Sylvia Plath, Ernestina de Champourcin and Rosa Chacel. Mañá's poetry is, above all, poetry dense with absence, slightly heart-rending and very often tense and desolate, as we see in her *8 poemas* (1996, 8 Poems). And this desolation lashes out as fury, perilously defying "the boundary" between loathing and tedium, when life seems to turn into dust. In any case, it is poetry of ashes and fragments and muttered protest. Free, uninhibited, stripped of ornament: bare and transparent. In spite of its symbols and gaps, seldom has death been so fertile with respect to the poetic impulse: "I am no longer the wall / that withstood sturdy, strong, beautiful, / the foolish attacks of others. / I have crumbled, you see?, there are holes / in my flesh that wanted to be rock." Her final poems, particularly those in the still unpublished *Tratado de urbanidad* (Treatise on Manners) are like steps taken into silence, the void: fragments in which nothingness rises to the top, that of life, that of death. Some of Mañá's poetic ways remind us of the Sufis with their subversive shout: "One plus one, two / One and one? No."

At other times the *quest* draws towards other destinations: a quest for the Grail, love from afar and beauty. This is what happens in the works of Neus Aguado, Susanna Rafart and Mariana Colomer. Their starting point, whatever that may be, pulls irrevocably towards the center. Their common theme is love, love leading from one place to another: from within, from the distance, towards the heights; they conjure what Denis de Rougemont evokes in his book *L'amour et l'occident* (1939, *Love in the Western World*, 1956): the World of Arthur, Troubadours, and *"Il Dolce Stil Nuovo."*

Poetry as *a quest for the Grail* is what guides Neus Aguado. Stemming from modernist sources, she relates to mediaeval Arthurian writing, reaching the core of a sacred tradition, of a "symbolism that knows," as Coomaraswamy calls it in *Traditional Art and Symbolism* (1977). Aguado's poetic route has three essential landmarks, represented by her books *Paseo présbita* (1982, Ancient Promenade), *Ginebra en bruma rosa* (1989, Geneva in Pink Mist) and *Aldebarán* (2000). The first entails an intense experience; her verbs are exuberant, her words rebellious and she reveals a profound capacity for reflection. In her book on Geneva, Aguado fulfils a double function: on the one hand, she connects with the city itself and its mythology, and on the other hand, she explores her initiation into the cycle of Arthurian legends. In shorter and denser poems, the poet stakes out her world, in which love-passion does not scrimp on sacrifices or accept reproaches: "Let nobody blame Guinevere, the Queen. / She dreamed of Lancelot each night / and Lancelot lingered in jousts and tournaments. / She could not or would not keep her virtue." Aguado goes further in *Aldebarán*, devoted to symbols of the sacred like the red alpha of Taurus, the messenger bearing keys, angels and dreams. As she internalizes experience, her poetry turns essential. This is to be observed in her partly unpublished *Intimidad de la fiebre* (1998, Intimacy of Fever) and *Tal vez el tigre* (2002, Perhaps the Tiger), particularly the latter, in which she admits to being "lost" while "searching" for a kind of "*grail.*"

The *quest* of Susanna Rafart is the search for love from afar, that "love from afar that becomes the motor of all writing." It is a vision fundamentally linked with the poet from Provence, Jaufré Rudel ("*amor de lonh*"), Italian Renaissance poets and mediaeval Catalan poetry. In her book *Jardins d'amor advers* (1999, The Garden of Adverse Love), one already notices this perception of remoteness, distance and an interior route through which her verses flow: dreams, absence, the hidden path. The poet refers to the dark jungle, to the war of love, to the guarded secret, to *absent* love, to the ways of exile, to *descohort* (abandonment) and the labyrinth of rhymes. It is a deep poetry, dense, rich in images and also in how it retrieves a particular vocabulary. Later in *Pou de glaç* (2002, Well of Ice), the poet returns to reassert her flight, again looking towards her predecessors; again looking to Jaufré Rudel and his notion of distance as a generator of poetry: "Jaufré Rudel, time does not pass in vain, / you who construct distance / to the measure of your verse / (...) How does one transform an old desire into a new song?" It is a matter of constructing, transforming, piercing through the walls of language but doing so with the "hermetically born phonetic sweetness" in her poems, as Francesco Ardolino calls it. And, in between, there are symbols. Then the poem's rose emerges: "Do you want the rose? And what rose? I search for the flower in the pressing territory of my exile."

The *quest* of Mariana Colomer is for the beauty of love, in the platonic sense of the word. Starting out from a "mystique of flight," as Dionisia García calls it, Colomer lifts her gaze ascending into a bedazzling universe. This is what happens in her *Crónicas de altanería* (1999, Falconry Chronicles), book linked to the *Enneads* of Plotinus and the doctrines of the Classical and Latin-Christian worlds. It is about a fascination similar to the one felt between falcon and falconer, on the one hand; and between the heron and the falcon, on the other. Later, in *La gracia y el deseo* (2003, Grace and Desire), Colomer veers towards the world of Dante in the *Divine Comedy*. The beloved covers every step between love and suffering but makes her way towards one center, the divine: "Frightened, anxiety climbs / the steps, reaches the watchtower / searching for the distinction of a dawn / that will touch my tame figure, / but only from afar." Now the models are more biblical, though the recurrence of myths and their metamorphosis —the world of Ovid— persists. We have passed from human to divine love, from an eros to a hierophany. As Simone Weil said: "There is a life energy whose fountain is in heaven and it spills over us the moment we desire it." The world of the Troubadours, the Sicilian School and the poetry of *"Il Dolce Stil Nuovo"* abound in this work: the search for a center, for the "spirits of the eyes," for the ray and the grace.

The second poetic mainstream concentrates on *space* and *limits*. More real and open, yet equally exciting, it hovers around a particular universe: urban life. It is closely entwined with the notion of the body's barriers, desire and its limits, the "I" and its solitude, as we find in the poetry of Concha García and M. Cinta Montagut; but also with visions of others and how others live their lives, as in the cases of Esther Zarraluki, Anabel Torres and, on a more philosophical plane, Teresa Pascual. All of them are obsessed with images of houses and doors as the bridges between places, as the thresholds marking the limits between the inner and outside worlds.

In Esther Zarraluki, for example, this sharp image opens her book *Cobalto* (1996, Cobalt): "You open the door / as if behind you were leaving an accident." The sudden impact with reality would happen in a more ordinary way if it were not for this "accident," which lends an air of disquiet to the poem. This feeling remains throughout the entire book, which the poet defines as an act of "wallowing in life and my way of reflecting," as a way of being objective. This almost film-like objectivity shakes us and strikes us, calling us to attention. If a first poem in a book tends to be like a presentation — leaving aside *Ahora, quizás el juego* (1982, Now, Perhaps the Game) and *Hiemal* (1993) — in the case of Zarraluki this trend is remarkably significant. Further on, the author evokes a humble yet intimate reality: women who laugh while cleaning fish, or the woman who "pulls out the plants / that she allows to wither." Adept at following long poems with short verses connecting them, Zarraluki can recreate a doorway, a square, a staircase and a street, placing a snapshot of her characters on this backdrop, especially female ones. Urban poetry, yes, but one in which many tones throb, like bright coral: love, flight, loneliness. Here, like in Ponge, we can perhaps speak of the triumph of objects, of their luster, of their presence. Later, in her plaquette *El extraño* (2000, The Stranger), and in its poem *La noche de Enoch* (The Night of Enoch), she follows her chosen way.

A similar world is that of Concha García in her books *Pormenor* (1992, Detail), *Ayer y calles* (1994, Yesterday and Streets) and *Cuántas llaves* (1998, So Many Keys). Here the lyrical subject appears as a sometimes fragmented "I", walking the city alone and often arriving at enclosed spaces, where she contemplates her surroundings and asks herself many questions. These questions become answers with the propensity to be forgotten, *in situ* statements, perplexities: "I am alive. I hear the birds / because a curtain covers the window. / But I am alive. / I also am concealed / and I sink into chairs." García has sought a new space and a style that are very much her own, in which exalting the intimate and the close is everything in the world to her, although at times what lies in the distance also appears in sharp contrast. Radically critical of her culture and past, the author looks for other referents: thus her passion for Clarice Lispector, her gripe against the mother figure, symbol of a culture, her rebellion against human stereotypes are given the all-round seal of approval. Her poems, with their characteristic caterpillar-like pace already mentioned by some critics, have their own strength in their peculiar twists and turns: breaks in their syntax, abrupt expressions, ellipsis, hyperbaton, odd lexical selection, verbal periphrasis; in short, features revealing an unusual poetic voice. Another of her key books is *Árboles que ya florecerán* (2000, Trees that will Bloom Eventually), a collection of less immediate and perhaps more expressionistic long poems. Finally we have the plaquette *Luz de almacén* (2001, Store Light), confirming, yet again, her "elasticity before the instant."

"Everydayness" in Anabel Torres is another matter, hovering between the anti-poem and the lyrical, between play and melancholy, between social poetry and political denunciation; a heartrending voice lost in the gestures of a reality that becomes elusive; a voice that is always in waiting. As Helena Araújo says, in her "what she articulates refers to what she does not mention." Torres looks for traces of what lives in the gaps. These gaps are memories, losses, the passage from one time to another and from one oblivion to another, the charisma of trees, the silence of statues. Torres is a poet always verging on the edge: on the edge of stops, on the edge of chance, on the edge of the week's newspapers. In *Poemas de la guerra* (2000, Poems from the War Zone), for example, we witness a solitary journey, consisting of pain and songs, survival and escape, jumping from a magical world to one full of "pebbles." Torres never forgets that men/women can be citizens of countries where they are forced to seek exile: "I come from / my homeland / War /

ripped off its side / and I'm still / spattered / with its blood." There is autobiography, a lot of autobiography in these poems. But there is still also room in them for dreams, dreams splitting reality and making it phantasmagorical, distant, and an echo of human tragedies: dreams of the earth, an echo of death. *En un abrir y cerrar de hojas* (2001, In A Rustle of Leaves), portrays more intimate, but also disturbing, notes, with overtones of irony, sensuality and exoticism.

Also poetry about the everyday, though with different rhythm and tones, is the poetry of Teresa Pascual, who advances towards metaphysical reflections associated with intimate experiences. Nearby and enclosed spaces are her favorite places. But it is above all the *feeling of time* that guides her poems and prevails in them since *Les hores* (1988, The Hours). The existential vein of her poetics is reaffirmed in *Curriculum Vitae* (1996) and *Temps en ordre* (2002, Time in Order). In the former, written while she was occupied with translating Ingeborg Bachmann, she reflects on the *dwelling* of being and on being among objects, on time *postponed* and time of fear, solitude and sacrifices, silence and pain: in short, exposure to life. The poet sallies among fragments, fragments that are poems, instants between the inanimate and the living, losses and memories; questions that catch on fire and then burn out: "Give me your hand. I don't know how to walk on by myself / without leaving behind some of my fragments / among the clever edge of things." This world full of paradoxes already predicted her next book: *Temps en ordre*. The book is like a game of twilight mirrors where the endings of verses duplicate their beginnings, where words cluster together creating contrasts and singulars turn into plurals. From this point of view —quoting Valente— this is "constructed" poetry. An order, above all a linguistic order, is imposed on it as it is being constructed. It is hours that fill in space, "the gray skull of the city," time's relentless course.

A radically different conception is that of M. Cinta Montagut, whose books *Teoría del silencio* (1997, Theory of Silence) and *El tránsito del día* (2001, Passage of Day) contain the best of her writing. With a voice evoking the great Spanish poets of the 20th century —Machado, Guillén, Salinas, Cernuda — Montagut crafts sculptured verses, perfect in form, voicing the torment of desire and the sorrowful barriers of existence. It is as if the experience of solitude wrote itself and frail human desires turned into marble: "Everything is time lived," says one of the verses that best define her. Using couplings throughout her work, the poet focuses on her urban experiences. Her city could be any city, but the walls are always the same. In an attempt to capture what is lasting, she employs a series of elements that recreate and symbolize stone. At the end, however, the body with its dreams, desires and silences prevails, and the author, by means of paradoxical forms, captures daily reality caught unaware in its tedium, anxiety and expectations. This is mature, reflective poetry, poetry that has been gradually chiseled, allowing us to catch a glimpse of the speaker's room where what really shines through are the questions she poses: "There are round questions like balloons / others have edges / like ice cubes floating in the sea / or like granite flagstones."

The third mainstream of the other poetry of Barcelona is based on intertextuality and minimal art. It is a poetic trend founded on a variety of texts from world literature that fuses, inter-weaves, juxtaposes them or simply uses them as a reference. Here we find poets who are not afraid of using different languages; who try to be in synchrony with poetry written anywhere else in the world, but using different media: variations, permutations or architectonic compositions. Creation based on form is another course they take. Poets like Ana Nuño, Carlota Caulfield, Nicole d'Amonville and Gemma Ferrón have called their bets loudly, succeeding in creating registers of their own. Intertextuality. Discipline. Architecture. Form.

In her book *Sextinario* (1999, Sextiniary), Ana Nuño illustrates what we have just referred to. In clean-cut language, she expresses her reverence for what flees, for the transient — both in poetry and in life —, pointing out that the only true space is the one occupied by the poem, along with its empty areas. Thus she shows us poetry in transit in which nothing stays still and even love travels. Hers is reluctant poetry, painstakingly written, in which the poet tries to "talk like she thinks and not write too much." This form, similar to certain movements of the dodecaphonic and the cabala, reveals a dazzling power in motion. Movement and balance. In this way, the poet remains loyal to a poetic style already to be recognized in *Las voces encontradas* (1989, Voices Found): the space in which things are named with precision. Later on we find poems from her unpublished books *Lugares comunes* (Common Places) and *Exilios* (Exiles), about dense and moving experiences, like "Lesbos" or "Vuelta a París" (Return to Paris). "Lesbos" is a very beautiful poem in which verses from Sappho's "Song to Aphrodite" work as a commentary and as a contrast: **"*My body caressed by yours Atis / the wind in the mountains when it whips the oaks / greener than grass.*"** "Vuelta a París" ends on a highly personal note, with references to "the other side" and to "the shadows": "I prefer to leap over the wall and land / on my feet, just beyond your shadow, / in the glowing twilight, / like a feline, precise and nostalgic."

An equally original outlook is that of Carlota Caulfield, whose works melt other voices with hers, converting them into her own flesh. Thus, in *Quincunce* (2001), she recreates "the vertices of the center of a square," as in a magical, almost mathematical act, where the poet brings together North, South, East and West, creating five intertextual texts. As in the middle of a Celtic *triskell*, the poet chases dreams, evokes myths and recreates labyrinths. The experience was not new, since in previous books this was the style she had already crafted. Her *Book of XXXIX Steps* (1995) reveals her fascination with metamorphosis and the labyrinth. And in the multimedia *Visual Games* (1993), we get a view of her passion for hyper-poems (hypertexts). The poetry of Caulfield emphasizes the taste for traveling, the mobility of forms, and the rhythm inherent in words, the quests that come and go: in different languages, at different times. In this respect, her extraordinary *Movimientos metálicos para juguetes abandonados* (2003, Metalic Movements for Abandoned

Toys), written on the bank of the Thames, is proverbial. Pursuing that path she arrives at her last book, tribute to a Renaissance inventor, *The Book of Giulio Camillo* (2003), of "limpid and piercing verses," as John Goodby states in his introduction, of wisdom that is close to Buddhism and Taoism, of weavings between the totality and the void, of fragments explored in the "traveling memory" and in a multilingual language: "TOTALITY AND VOID / and living creatures / ran and returned." Words in the eyes. Reflections, images, the power of words taking root. The whole and its separate parts, the metaphor of thread. This book also relates to baroque poetry and symbolism— its sevenfold paths, the seven pillars— and the literature of Jorge Luis Borges. Here the composition is like a reflection in which the word enters the body: "THE TEMPLE IS CALLED A THEATER."

The poetry of Nicole d'Amonville and Gemma Ferrón is based on minimalist elements. D'Amonville, as we can see in *Atrio* (2003, Atrium), commentated by Pere Gimferrer, shows great enthusiasm for the brief and the fragmentary, for the essential and the distilled. This is poetry close to the minimal art of Elsworth Kelly, one in which certain planes crossing each other create different orientations. It is as if the *gusto* for accuracy founded a cult for reversible structures, as the painter Miquel Barceló calls them, repeated in melodic and rhythmic forms. The poet has re-crafted brief traditional forms evoking the *haiku* and the impetus of Arab-Andalusian poetry. She has also written poems whose form conjures up various artists (Bartók, Simons and Dickinson). Nevertheless, it is in d'Amonville's own vein that we find her best voice. She explains that her aim is to break, renovate and flee from ideas that are not innovative. This is the reason she praises forms and their transformations: "Rapture of form / the down on Ganymede's lip. / Delights the letters / the sound endowed. / In armoured harmony / the image aumbry— / durable ecstasy. / My existence exacts, / if / not a reef, /

lief." D'Amonville is also drawn towards the world of music and "variations" or (di)versions, as Octavio Paz would call them, and her poetry benefits from them.

Minimal or quasi-minimal is also the technique of Gemma Ferrón. Once more we can define it as a sum of "indispensable" elements and "structure"; fragments and suggestions, variations and couplings. However, in the case of Ferrón, one must add two other ingredients: the sphere of audiovisuals and intertextuality. This is mainly to be found in *Latencias* (1999, Latencies) and *La boda de los Ojancanus* (2001, The Ojancanus Wedding). *Latencias* is rooted on *animations* stemming from two unique elements: a character and an oval shape that transform themselves. Alongside a geometric background of reddish/orange hues, we have something of a baroque perspective here. The *Latencias* are *poems that are transformable* based on an image. The ensemble consists of 178 images, flickering from fire to ashes in a metamorphosis. Another poetic, digital, modality is that of the *Ojancanus*, which are *seriable* poems. Starting from a primitive Hispanic myth, the cyclops Ojancanu (symbol of the forces of evil) and the elements "character" and "eye," Ferrón goes on to recreate and modify a continuum of frames with texts, quotes and sounds. Here again we encounter intertextuality: from Lautréamont to Swift, from Macedonio Fernández to Antonio Beneyto. Yet it is ultimately the visual image that remains most impressive. Are we confronting a type of poetry here that cannot refrain from using the new media? Some of these poets, in fact, have chosen to exhibit their poems on the Internet permanently and work with other audiovisual media. This is why Gemma Ferrón, who does not hesitate to reassert herself through these formats, offers us *resonances* in the form of personal diaries —*undae, the action*— and some *transpositions* of *Latencias*, evoking electric and/or electronic creations: "Electronic tools that do not reflect reality / transmit loud visual impulses that shape / Self-Contained / Mental / Places (SCMPs) / Electricity is moving machines as well as thought."

The poetic streams we have explored are varied, all of them immersed in a new language. This is complex, plural and open poetry seen as a whole. Perhaps it is the true bridge spanning cultures and the centuries. The present anthology offers the chance to discover the *other poetry*, the new writing of Barcelona. No doubt *quests*, *limits* and *intertexts* are its main avenues.

Jaime D. Parra
Barcelona, August of 2003

Translated by Carlota Caulfield and Anabel Torres.

The Other Poetry of Barcelona

Neus Aguado

Artists are called to be nomadic even if they never change addresses, nomadic in ideas and in their routes; this is the only valid talent between dementia and sanity, between foolishness and cruelty.

I need to cry when silence is gripping
to appease conscience and neutralize truths.
To trepan easily friendly brains
and find out that sometimes they existed in me.
Buddies of some unfinished feast
where I arrived in great delay.
Barefooted I got there like some ancient Carmelite
and my habits — which were always bad — impregnate with rum.
But this was no obstacle for drinking to their health.
Thousands of cups have I drenched with my friends
and faithfully they drank and faithfully we drank for hours.
Nobody could accompany me beyond life
nor would they come with me to the street corner.
But my friends are good and they celebrate everything with wine.
And I am ungrateful because I always complain:
without understanding that they are my only wine, of the best brand.

Let nobody blame Guinevere, the Queen.
She dreamed of Lancelot each night
and Lancelot lingered in jousts and tournaments.
She could not or would not keep her virtue
and she mistook her knight for seneschals
and sank her buttocks in beds of serge
expecting to ride open fountains.
See how she rides, her hair in the wind, in a pink haze.
How she quenches her red thirst in the cleft.

From *Ginebra en bruma rosa*.

Translated by Montserrat Abelló.

Repository of the misery
that it took me so long to cultivate
let me laugh and forget:
Dogmatism, you know, was invented by someone gullible.
And forgive me for judging and for issuing the verdict.
I am no fortune-teller, only a harvester of grief.

From Aldebarán.

46

In your death I wait
for my own death
steep bank of revelation
in which to be
the only one
for the first time

From *Intimidad de la fiebre*. Unpublished.

Translated by Carlota Caulfield and Anabel Torres.

Nicole d'Amonville Alegría

I always start out from one verse. A rhythm interrupts the monotony of my steps and imposes its compass. If I am lucky, the first verse or foot invites the next one. Just like that, the poem continues, without a concrete subject, supported only by surprise, discovery, and illusion following one another.

Béla Bartók (string quartet)

Each voice concertate —arcuate methatesis—
Bartók Béla to the sound, oh, of IV, sybils
a sylvan II erected in *strength and sweetness*;
so if I sound brings light to light in a "silva,"
Samson must cry, calamity's architect,
call all voices conjecture:

whore's shoe snap of horsehair hoarse
scatters encloses the choir
sparks withing you netting gold

come peace of wine and fish — counter fiesta
of cello and III violins the thunder
knife sound fork sound without any truce
amounting to V
earth sea fire air — annulet concatenate.

At the idle hour, or demon's,
should his trident puncture the dreams,
between one day and the next,
during the interval, darkly,
a vision as yet unseen realizes

the dead alive and the living
unite their life in this
my life knocking down walls
to spirit — my bliss as yet
unbequeathed:
let the lamentations beat.

were word a wing...

...perch'a risponder la materia è sorda;

Rapture of form
the down on Ganymede's lip.

Delights the letters
the sound endowed.

In armoured harmony
the image aumbry —

durable ecstasy.

My existence exacts,
if
not a reef,
lief.

Four Haiku

The mosquitoes return
it has stopped raining:
birdsong.

Row, Thames,
dimly into dimly river
wherever I will.

Snail oh push
to thread your labyrinth
under the rain.

Luminescence of foam
no more than a caress
the sea's finger-tips.

From *Atrio.*

Translated by Jonathan Boulting.

Carmen Borja

I don't believe in poetics. The only thing that can be asked of poets is to put their soul into what they write and illuminate the darkness. The first has to do with internal risk, emotion, and essence; the second with revelation, vision and voice. But to theorize about poetry is deceitful and often entangles us in words. And what matters is getting closer to what lies beyond language. That's why, it's better to enter a poem and make it ours.

The movement of the continents. I love the image of those enormous masses of earth that move millimeter by millimeter, with parsimony. The map of the future designing itself in millimeters. And you there, making a memory of the past to be capable of creating a present. You searched your own names for everything that was lost.

An death arrived just then.

The sacred cedar forest came to you. And the foreign god, condemned to the song. The mad hero on a strange beach. The supplicant ripping the purest silence. The angel that calls at any door. The baby sheltered in the middle of the night. And that which knows eternal love.

From *Libro de la Torre.*

Translated by Carlota Caulfield and Stacy McKenna.

Our friends are dying one by one and our sun takes up the top of a modest spiral. You have given up all identity, even being a woman with a cat. The leaves fall during this autumn, copper-colored like so many others, while you drink coffee with Hyperion at your favorite square. You have read that Venice is the city of death: When you said it, they did not believe you. Perhaps their hearts were rusty then, and the *avutardas'** flight had burned their pupils.

*Great bustard (Otis tarda), a heavy-bodied ostrichlike bird that flies strongly and runs swiftly.

You could lose everything.
The smell of prairies in the wintertime,
the forty shades of green,
the taste of bread,
the profile of your loved one's skin,
the grey screech of the seagull.
You could lose everything.
The house where you were born,
the land that sheltered your steps,
the memory of the sea,
even the sound of your mother's language.
You could lose everything.
What you know, what you think
you know, the prophecy.
You could lose everything.
But if you can no longer love,
cry, for you have lost yourself.

You absorb life in full through your eyes.
¿How could you not return the world turned into words?
You absorb light,
as if you were never able to see again the tree's profile,
the bird that returns from the cold,
the copper-colored sea in the evening that ends.
Then beauty,
the stroke of a cloud drawn up by the senses,
the smell of rain, the heather's murmur,
the sun's blessing in winter.

You expel light,
as if the silence of the shipwrecked were yours forever,
and the absence of roots,

and the nostalgy of the future, and what is forgotten.
Then exile,
the loneliness of the last lighthouse,
the unavoidable uncertainty of limits,
the weight of the abyss and the elements.

Until, at last, you are light;
you go by tiptoeing; you fill your lungs with air
and you let go; your eyes slide
like the wind between the leaves,
and everything returns to being perfect.

Köln

The reflection of light is in your eyes.
A lukewarm winter sun floods the bridge
while a small boat slides down the Rhine.
The train goes by; the iron structure vibrates,
and when you close your eyes,
you feel like the suicide victim in her last moments,
while a crow
caws happily into the morning.

Unpublished.

Translated by Ana Osán.

Carlota Caulfield

My poetry is a chorus of many voices and a skin with multiple tattoos. I am a poet-archaeologist celebrating the Zen proverb "Everything is the same; everything is different."

V

I

MEMORY PREPARES TO TAKE FLIGHT
and shrinks its scars, damps its odor
to each his own seamy side.

II

MY HISTORIC SUIT IS MADE OF IDENTICAL THREADS,
it appreciates the anxiety of my skin
its dream of winged sandals.

III

MEMORY AWAKES ON OFFICIAL PAPER
stamped with errant seals and elegant lettering,
vestige of all inner vision, pure touch.

IV

THERE: MEANS THE CITY OF AMPHITHEATRES
here: means the city of itineraries,
my here and my there validate each other: destiny.

V

TOTALITY AND VOID,
and living creatures
ran and returned.

VI

INFINITE THREAD OF SALIVA THAT COMES BACK
to impress upon memory
the absolute eye of the abrupt.

VII
LIKE A SACRED SEED THE HAND FEELS
an urban childhood of dawn stars
and words of warm densities.

VII

I
TORCH BLAZING ON THE TIP OF MEMORY
with fresh clothing that ignores the dead
and a perverse slowness.

II
THE WATCHFUL EYE TRAVELS CALMLY
through the wise doorways, it says,
and who deciphers the inner script?

III
THE TEMPLE IS CALLED A THEATER,
and with pillars of intellect and love
constructs a power called memory.

IV
YOUR MEMORY FALLS UPON MY MEMORY
like warm paper onto warm paper,
and so the poem is written.

V
AIR, FIRE, AND WATER
are round creatures,
a triad that can be anything.

VI
THE ARTS OF MEMORY
hide themselves in you in vain,
your memory.

VII
THE MEMORY WHICH BEGAN TO TRANSMIT SIGNALS
was the size of a droplet,
and its voiceless mouth remained warm.

From *The Book of Giulio Camillo*
(a model for a theater of memory).

Translated by Mary G. Berg in collaboration with the author.

Marga Clark

My poetry is on the edge of the divide between the visible and the invisible. It feeds on memories of the past, illuminated by lights and shadows.

And my eyes followed the cracked abyss of night. You surprised
me in a moment of dumb weakness. It was a razor cry, a terrifying
and unexpected cry that provoked the birds nocturnal silence. And
I found myself surrounded by drowsy crickets and vanishing
angels while you wandered lost across the burning waters. Slowly,
I felt the light abandon me.

You will arrive, consumed by fire, intoxicated by poems and
tarred seaweed. Frail and docile, you will arrive concealing
yourself from the blue ash of dreams. Followed by the grey
rosebay of the rivers and the murky green of your shadow.
Wounded, you will arrive to the fertile banks of my womb and to
the reef of honeysuckle blackbirds. You will arrive, in spite of
distant times and spaces, to brush against the darkness of my
nights.

Don't talk of the gods or amphoras buried in time, nor of the lying
narcissus in the dormant waters. Don't talk of the tears which
dimmed your first life nor of the white deers which outlasted my
memory. Don't talk of your hands, or the stern word which burst
from your lips staining me with blood. Don't talk of your
crumbled shoulders or your vanishing torso. Don't talk of your
infinite absence, your faceless countenance, your gaze.

You abandoned yourself to the passing of tragic autumns and the sporadic flight of young birds. You abandoned yourself when you heard the cry which thirstily smacked your throat. Pale, dismayed, you abandoned yourself to a clear agony. The vague thread of the rivers braided with blood your sleeping nape, while the sand from my fingers sank in the whiteness of your passing.

From *Del sentir invisible.*

I'm damned to be sunk in your silence.
I only hear your color
so pale

From *Olor de tu nombre.* Unpublished.

Translated by the author.

Mariana Colomer

Poetry is a gift granted so I might give back the love of the Being who first desired my existence and sought me. Thus, the same way I love, without understanding love, I write. My main chore is to be very aware of the ways of my heart, since only in authenticity can the word speak in me.

Nyctimene

Once more the weapons betray you:
On the shield
the Gorgon's head.
You speak of your virtue, of prudence,
of honest behavior,
and I am so far away from everything that's yours.
Not a thread of doubt
showed itself in your gesture
and all excess lay with me.
Who am I? Tell me, who am I?
Woman hiding the body of an owl?
or bird with a woman's desires?
I grasped your nightly shadow
that not even the softest feathers could
contain this skin that bloomed
each dawn.

From *Crónicas de altanería.*

Secret Chamber

If I could just erase what I glimpsed
behind this door,
if the key hadn't desecrated what's hidden
— words that befall the heart,
or those never given,
like useless treasures —
love might be safe and sound.

Returning from the dark is never possible,
witness to this the key with its traces of blood
that cannot be erased.
Frightened, anxiety climbs
the steps, reaches the watchtower
searching for the distinction of a dawn
that will touch my tame figure,
but only from afar,
from where the gaze lifts
and blue dreams on.

Inconsolable

I sought nightfall for the encounter,
when the surrender is more certain and obscure,
but there was no fear, like other times,
since you occupied all of me
and even my blood knew
that the gift might exceed any loss.
Here, in the hidden
first I let go of sweet things,
I kept the bitter.
And how oblivious of me in my renunciation,
and how extoled you were in my flesh.
You offered me refuge of joy and tears
in concert with my grief. Now you let me
put solace aside.

Hold me in your darkness.

Remembrance

How unknown, the soul
before your word,
Where are the iron gates,
the doors to heaven?

How terribly sad without knowing it
now with memory lost
only the faint shadow of what was lived remains.
But you came and because of love
became the messenger, and I, because of you,
searching for me, for you, finally found my center.

From *La gracia y el deseo.*

Translated by Carlota Caulfield, Stacy McKenna and Anabel Torres.

Gemma Ferrón

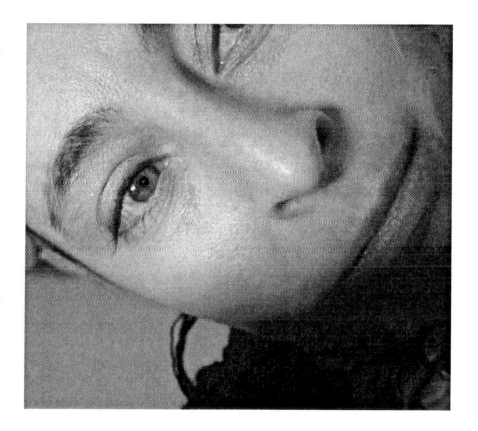

Visual thinking: The strength of the imagination, like an element of the power of processing, learning to see and perceive with a sharp eye.

undae

19:09 —the angelus still resounds
that's not possible. Is it a *heliumpause?*
I verify life in a frost-covered mirror
locked in a bed with savannas of sheets
that have been of no use
19:10 —the entire room has
frozen hair and purplish lips
the feeling that someone has left
that someone has been, vomited a mist, lodging shiny brilliantine
on the walls, on the inanimate limbs
odd context for a summer that anticipated resonances of *undae.*

Paris, August of 2002.

I. The electric creation

Electronic tools that do not reflect reality
transmit loud visual impulses that shape

Self-Contained
            Mental
                    Places
                            (SCMPs)

Electricity is moving machines as well as thought.
We operate precise electric sequences, electronic movements,
irreducible points and vibrations. Spill over from a contained and

finite shape from a reality that always consists of infinite features and/or endless in its totality. Do they create an electronic thought in their realization and in their reception?
This reality propells the tool.

II. The tool

A machine with thousands of nuances, complex, composed of many simple tools and always impossible to grasp. Concepts that extend — extending is clarifying — the use of how I use an electronic tool:

All the images are directed towards an action: the repetition of what is kind generating a rhythm that gives life to SCMP. Latency. The screen has the proportion and offers work's angle — the point of view.
Transparency, some images reflect others and vice versa: their union creates the perspective.
Distortion drags perspective, proportion and rhythm. Images moved together linked. Distortion drags perspective, proportion and rhythm.

III. Definition

Color - Movement - Dimension - Artifact - Demo: is in this world what is sometimes called a sketch

IV. Cosmogony

Sublimation - change of state of the characters, with the incessant work of balance - feminine + masculine - tight rope walkers focused, it can only be done by professionals.
—Egg beginning and end of the sublimation - throne without chamber-.

In five levels, because the observer takes up the sixth, this magmatic space develops and enthusiastically = relatively tranquil volcanic eruption, in which the velocity of the lava flows slowly like someone who walks, like a beat. Latency.

Barcelona, May of 1999.

Translated by Carlota Caulfield and Stacy McKenna.

Concha García

My poetics: it consists of jotting down a series of losses, their rough edges, overlapping, revealing complex two-way journeys, hanging fast to what is underlying, distinguishing the lost radiance that the eye suddenly takes in, which turns into a kind of phrase.

Under the Omen

The deepest thing that I have lived through
I have already forgotten. Now I only care about
fixing the window if it breaks or
cleaning the window panes. All truths
have been a long dateless pronouncement,
suddenly I don't remember any of them. They get confused
in my mind climbed under the omen of my folly
that doesn't take pride in itself either. I like
the enchantment of certain afternoons, when
what is evident is not real.

From *Pormenor.*

Time Returns

A saucepan I left one day
sitting on the kitchen's marble.
For many years that empty place
kept the utensil. I was somebody else
when I returned to take the lid off. I saw mold
I saw grime, I saw chaotic particles
swimming in the smelly water. I saw
the shape of the saucepan intact.
I looked all over the place with my eyes fatigued,
and time spilled over me: the same building,
the same street, the same acacias.
The stench of the saucepan was so strong

that I moved to the window
to breathe. Staring at the street
I saw the same people, the same
postures of people, the same
conversations of people. Everything
was the same. I emptied that stinking
liquid and scrubbed the porcelain
with an old scourer that fell apart
between my fingers.

From *Ayer y calles*.

Black

Every time she walks towards the house
in the afternoon, almost at nightfall,
that hour of July that drives
the birds insane in which the solitary nest alone.
She looks for a bar, a brace for
her back, an obligation
to separate herself from the world with the stealth
of one who asks strangers the time
and stares into their eyes. But one knows
that some sockets are the deepest,
that behind them is darkness.
A woman looks at bottles,
it doesn't seem like a night for drinking
but for skipping whole pages.

Beyond Being a Woman

I am alive. I hear the birds
because a curtain covers the window.
But I am alive.
I also am concealed
and I sink into chairs. I notice
that learning how to live is a stimulant
for learning how to die, but I am alive
in a passageway that leads me
to voices that aren't calling me
and that ask for gin from a man dressed in white
like a pharmacist
from another century. My reflections
make me think of distance
as if it were an abstract thing to be in three places
at the same time.

From *Cuántas llaves.*

Translated by Carlota Caulfield and Stacy McKenna.

Rosa Lentini

*To conceive poetry as the search for a primal voice and
make of the poem an exercise in remembrance.*

Voices that bind blind threads into the night, come closer to our hand that rises from the earth into a history mended in the dark in which our skin embraces the name of the day as it embraced before the name of the water and recognizes this call of yours covered with dust and silt from dreams; tell us if one way of becoming rooted are these words that insist on stitching our voices together; if one way of naming us is this language of signs fragmented in our memories.

From *La noche es una voz soñada.*

Tell us, what is the earth like?

Memory like a filament of a perfume
or heather blossoming,
seeks what is brief:
a still life
carried by the fragile nerves
of a poet's boundless words.

There lies insomnia, like a deserted bazaar,
there are the hemispheres, in disbelief.
Fake skies that swept them
over the hills.

The Bird

Once in a while a heron appears over the bridge,
flutters and soars over the river's flow.

Its white plumage leaves a fissure
in the dusk sky
that fabric of the night is to return as light.
Its screech betrays an ocean left behind.
Close to the coast its eye grows dark
in the sand under the shadow of pine trees.
The bathers' bodies watch and wait.
White with salt, the foam swirls.

Before the hour of the dead rakes away
the time at the beach, the men fall asleep.
Over their heads, weightless, the great bird
of twilight lights the way back.

From *El sur hacia mí.*

The Ice Rose

The rose sculpts
its violent colors in the cold,
and it is only chimera of the rose
in the snow, rose of winter,
frozen water, white on white,
offering itself.

The rose crackles in the flame,
and in the desolation of the snow
no thaw can be too slow.

From *Las cuatro rosas.*

Translated by Carlota Caulfield and Stacy McKenna.

Your footprints
tread on my soil,
mine on your ashes.
Green happens
like a story
of exchanges.

Unpublished.

Translated by Anabel Torres.

Gemma Mañá Delgado

*My words were always made
of flesh and blood . . .
They blinded me
names and things,
siege in which I struggle
just like the rest of us.*

(Text 10)

Text 7

Sometimes I would like to forget myself completely
and give myself to the water, to the sand
or perhaps to the grave.

Like the grass that chokes itself
in always sleeping furrows
under the warm weight of the rock.

Like the rain, eagerly swallowed
by the dust burnt in the desire,
that needs to return to the bosom of it's origin.

Text 13

I am not longer the wall
that withstood sturdy, strong, beautiful,
the foolish attacks of others.
I have crumbled, you see?, there are holes
in my flesh that wanted to be rock.
And this is the time, the tiredness,
and something very sour, indefinable
surrounds my lips and eyes.
Now I only ask:
do not come to graze sad sheep
in my desolate ruins…

Text 14

There is an absence
for each one of us.
Slow and calm,
it opens holes and furrows
where the seed of hatred
can germinate.
Insensible calm,
a net of forgotten fineness:
weaving tirelessly
has had its woven plot
— memories, tedium, lead —
to leave us alone.

From *Textos*.

3
Absence as Love

Cocave workship.
(The) Hollow.
(The) Thirst.
(The) Light.

7
Eros and Agape

Eros possessor and possessed
stemming from your frenzy it becomes impossible
to fullfill the existence and harmony of Agape.

Patient friendship and sweet surrender don't agree with you.
Eros or Agape? my will asks,
And, tense, it aims and covets:
Agape in Eros.

Translated by Carlota Caulfield and Anabel Torres.

12
Attraction

It is not Geometry.
Nor Biology.
Philanthropy?

13
Mathematics

One plus one, two.
One and one? No.

Barcelona, April 7, 1994.

From *Tratado de urbanidad para / en el amor*.

Translated by Carlota Caulfield and Stacy McKenna.

M. Cinta Montagut

*I conceive poetry as an endless search across
perception, the experience of otherness, the
reflection about writing. The poetic word is
simultaneously a space for freedom and play.*

Transgression is always
a prerequisite
a trip through knowledge towards pleasure
of an allusion
of a gesture.
Transgression is always
a shared ritual
a pitcher that cracks the memory
of an ellipse,
of a trip.
Transgression
a tunnel
an empty mirror.

From *Par.*

Everything is time lived.
Every return to the bottom hidden
breasts behind the dark mask of wool
or satin or crisp silk.
Hard is the loneliness of the lover,
of the amethyst hunter,
of the one who wounds without knowing it
the eyes that have escaped from the evening.
Everything is time lived in our bodies.
If your dark eyes illuminate the room,
the absent balance of wool,
the becoming of nameless birds,
my hands could lie, maybe,
reconstructing summer's dawn.
the image destroys itself in the mirror
and is everything, for always, has been.

From *Teoría del silencio.*

There are days like blank pages
in which absolutely no line ventures
to trace a path of words or shadows.

There are days that the body prepares itself
to fight in wars already lost
for other bodies before
knowing the heart and the morning.

Time pours minutes miserly
in the empty glass of my evening.
The whisper of the wind on the window,
a street that searches the eaves' shadow
and the water that offers me without knowing it
its moving transparency.
Impatient I finish my drink
and wait.

From *El tránsito del día*.

There are round questions like balloons
others have edges
like ice cubes floating in the sea
or like granite flagstones
and they weigh heavily in the chest and the arms.
A pin could go through the balloon
until finding the center of desire
until it dries the sea.

Unpublished.

Translated by Carlota Caulfield and Stacy McKenna.

Ana Nuño

A poet is not a mouth of shadows (or of light) voicing obscure predictions (or urban trivia) in the dark (or in broad daylight). A poet works with what is at hand, and what is at hand is not only speech, but also a language. A language of forms.

Return to Paris

I return in the daylight to your darkness.
Nothing of what happens is visible
between your high submerged walls.
Outside is a useless word here.
Of what use to me are the open doors,
the childhood afternoons and secret naps,
the deep corridors of fever
in the motionless tropical afternoons.
Your gray downpour rusts my locks,
your ferns invade my corridors,
your sponges gag me, your moss
a wall that hides and condemns.
I don't know how to float in your softness,
glide over the drowned house
and recognize with feigned surprise
the treasure in the sunken chest.
I prefer to leap over the wall and land
on my feet, just beyond your shadow,
in the glowing twilight,
like a feline, precise and nostalgic.

From Exilios, Paris-Barcelona, 1990-1993.

Lesbos

I

I see nothing in Lesbos, he says, only
a goat path that leads
through brambles to the cistern,
a dry well.

The prospects speak of fertile plains
wheat, grapes, some famous olives
and the trembling of the earth,
once in a while.

But there is no water in Lesbos, rivers, fountains,
lakes like the sightless eyes of a dead
child, thinks the poet,
disappointed.

Love is a primary flower
of dry land, or an olive tree and its shadow,
and in that pool, the corpse
of some memory.

Beneath the sun's dry crust,
without the shimmer of romantic waters,
the rocks boil with pleasure,
sweat creaks.

From the night and its cold stones
the chirping of a rain of arrows:
your absent-minded blood
fighting dreams.

II

In my house there are no weight scales or platters
nothing to weigh sighs tears
the dreams that wake forgotten

My body caressed by yours Atis
the wind in the mountains when it whips the oaks
greener than the grass

Give up being a measurer of shadows
let the uncoupled try to match in another body
that expectation of the other side

Extinguish my heart Atis I loved you long ago
but you will die some day I am not lying
I wish I were dead

In my bedroom there are no treasure chests
I don't hide sworn statements contracts invisible ink
to draft my prisons

When you have forgotten me Eros
again Eros the sinuous
will break your bones

III

Don't let the poet speak in Lesbos,
where everything, the waterless well, the olives
bitter and sweet as blood,
the forgotten wheat, dry on the slopes,
the stones covered in dust
acquire the not insignificant habit
of silence.

From Lugares comunes, Barcelona, 1994-1996.

Translated by Angela McEwan.

Teresa Pascual

To describe with the urge to show things just as they present themselves, in their own manifestation and individuality. As if it were possible to isolate them. To increase the capacity to analyze with the calm attitude of one who observes without judging, in the absence of dogma and guidelines.

When you find her body
walk slowly,
drink the warmth, the light,
drink in her breath
and when reaching the womb,
hold the air inside,
meditate her body,
walk,
walk slowly,
the rhythm of your step
is the rhythm of the sun.

From *Les hores.*

Give me your hand. I don't know how to walk on by myself
without leaving behind some of my fragments
among the clever edge of things,
not having learned to drink the wine
that remains intact in the bottle.

Ghosts

They returned when life
had stopped looking back.
Without anyone knowing it,
like when a door opens
suddenly, at midnight,
quiet as the secret

that leads me softly
by the hand
through distant passageways.

What nightfall burns
forms sheaves of ash
on human backs.
Neither mirror nor night
shall be innocent
when someone asks them.

From *Curriculum vitae.*

Church bells rang out
and night flooded with narrow streets,
insecure gates, weak ceilings.
I counted them, seven o'clock exactly,
desolately seven.
One by one they clung to the air
encircling the gray skull of the city.

From *El temps en ordre.*

Translated by Carlota Caulfield and Stacy McKenna.

Susanna Rafart

A poem is a light metal that searches for clarity in the shadows: a ductile object drawing towards permanence. My cyclical readings are: minstrels, the German Expressionists and Italian poetry. Only poetry can change poetry.

A light, Sadeq Hedayat,
will fall behind the ancient mountains,
black strata of minerals solidifying
while the old bulls move away drowning the grass.
By then your owl of anguish
will have drunk all the silences,
definitely.
In your world, tell me, was there
also a closed door?

One must cut the cane where the birds are noisiest.
In your poems there are always children, Georg Trakl.
Let us cut the cane, then. And birds and birds
will take their games elsewhere.
And the night will grow like rotting balsa
to wash the feet of our heroes.

Like that pocket knife desired in childhood,
open blades and beautiful red handle,
with his name engraved. He has passed years
chasing it in dreams: fine beechwood arrows
or carved animals in walnut,
the ancient burl of a cedar, the blood of a new body.
An adult now, he sharpens it, making a notch in his mind
where he strikes out at the plagues thickening his memories.

Jaufré Rudel, time does not pass in vain,
you who constructs distance
to the measure of your verse.

Horse of ice over clear Limoge rhythms
rushing toward Tripoli:
Will you need to die when you view the city?
How does one transform an old desire into a new song?

From *Pou de glaç.*

Of the benefits of cultivating a garden patch, country people tell
us nothing. Devoted to the weather and subsidies, they are
reluctant to recommend an effort they did not wish to transmit to
their children. Poets taught me how to dig: to rise up in dreams,
open a hollow in the heart and keep the opacity of words without
breaking the skein, and with a sure blow of the hoe, to bury the
bulb to the point of feeling its transparency.

Do you want the rose? And what rose? I search for the flower in
the pressing territory of my exile. With a gouge of white thorn I
pull off petals from the linoleum of your heart. Do you want this
rose? The red that falls from it is too slow. No, not this one.
Nevertheless, yes to the black rose of unfading spring, the dark
phonetic rose, the rose without oxygen, cranial, the one that
avoids being born and dying in the arctic fields of a blank page.

From *Sobre el tossal.* Unpublished.

Translated by Angela McEwan.

Teresa Shaw

Writing is actually an act of faith. Faith thrives on missing what it does not know, in the expectation of what it knows it cannot expect. This is why it takes us outside time. Yet it is in this "outside" where I possess myself and come into possession of the secret. Secret that is not such because there is nothing to reveal, though, like faith, it may at times be shared.

Now that I have died,
I will weave a crown
of flowers and hang a garland
from each door of the house.
Then, I will wash my body,
the fragile strand of rain
spinning itself around my neck.
And since time is nothing,
I will run hanging from the arm of the days,
hair loose
free of sweetness, unanchored anchor.
I will be everywhere.
Now that I have died,
wheel under the table,
black like a grape, my heart.

With his coral reefs

> *That sufferance was my sinne, now I repent.*
>
> John Donne

With his coral reefs, his pearls from the deep,
he knocked the East door gate down, he flooded my house.
His naked body floated in the stream.
I know you, I told him.
You are like the dead man we buried.
Then, he lay down next to me
so that I would wrap him in warmth.
He had an open wound on his side.
"We sin to save others," he murmured.

I wanted to hold him to my chest fast,
but his strength was leaving him.
He didn't know how to rid himself
of the sick old body,
of the sadness embedded in his seed.
Next to him a pregnant woman
was bleeding a chimera,
and, for the second time, love died
at our expense.

Do you remember the site of the sacrifice?
We were climbing uphill
with three tender lambs
and four stillborn baby goats,
to skin our beloved children.
For a while they laughed on the meadow.
Happiness lasts as long as a secret,
that infinite duty.
Take these, bite these wild plums,
while, our children, unharmed, sing
their prodigal mortality.
Watch them, like dwarf horses
stretching themselves out by the iron gate,
disguised as hounds and bears among the mastic trees,
or lifting their necks towards cranes.
I say nothing of the pain,
this valley is still beautiful.
Let's put, then, on the altar,
this newly-born love, our arms.
Let us spill, along with amber, the resin
secreted from our veins.
I say nothing of the pain,

but of the children that we create.
multiplying themselves among the stars,
uncountable like the sand,
like the tracks of animals
leaving no traces.
Watch them, holding unto their parents' hands,
growing with joy,
under the shimmering massacre.

Cosmogony

November,
by the trees and the waterfall,
freed from all law.
Thus we appear in the afternoon
the old deer of fire,
its peaceful steps among the leaves.
Here, our ancestors
are wet clay,
a child that lies in this starry grave.
We, two particles,
embers of a fire that we ignore.
Our love causes the explosion:
millions of suns await us.
But, upon embracing, we do not know
to what uncertain galaxy they'll send us,
when, at the signal,
our steeds start forward at a gallop.

From *Destiempo.*
Translated by Carlota Caulfield and Stacy McKenna.

Anabel Torres

We poets are good-for-nothings, no false modesty intended. We are a sort of joker in life's deck of cards, like clowns, the insane, or literary translators, all occupations in which the "I" is displaced or it would not fulfill its function: being insane, a poet, etc.

Caravans of fingers
towards the same doors
and an anguish
that darts
whose fixed targets are humans.

From *Casi poesía.*

The Eskimo's Woman

She
the Eskimo's woman
left this legacy:

barren
snows

and,
this tiny well bubbling with tears
thirty-feet deep.

A shroud

Dusk
descends
a shroud to cover the city
purple, cyanotic
baby,
quietly abandoned on some doorstep.

From *La mujer del esquimal.*

Wrists

I come from a land that issued, in its first decree,
an order to kill all flutes
and raise a monument
to the clarinet brought over from Europe.

I come from a country that before
being swept by the waters,
by the wind,
— Before even being —

was solemnly proclaimed
on a throne
made with bones
from the wrists*
of little Chibcha girls.

*In Spanish the word *muñecas* means both wrists and dolls and the
Chibchas were a people in Pre-Hispanic Colombia.

Birds Soar from my Song

Our sky is never announced
It opens or closes
unexpectedly.

Any ordinary evening
birds soar from my song:

birds
gliding the curve of your back,
my horizon.

From *Medias nonas.*

Smeared

I come from
my homeland
War
ripped off its side
and I'm still
spattered
with its blood.

From *Poemas de la guerra.*

Translated by the author.

Esther Zarraluki

Writing is my way of wallowing in life and my way of reflecting.

A woman pulls out the plants
that she allows to wither. She used to watch them
wilt. With dirty fingers
she vents out her anger on the roots,
on betrayal, on the tentacles
of beauty.

The women fishmongers
reshuffle the ice
they talk to the customer and think
about their lives, some
with hardened nipples under
their extraordinary aprons
at night they love their flesh
cast the heads on the floor
scale the skins of the fish
with their innocent gums
their red fingernails show when
they gut the fish and
they rename it
the poem looks like them.

Between two planes:
the things that I caress
and that shine in my fingers,
without needing anything to cover them
and what I sense, a center
difficult to pronounce and fleeing
from the metaphor, another being
appears. He shows me

the tips of his fingers and that what he touches
is contagious, something he doesn't know
and that leads him to silence
when he looks at me.
We touch
as if flesh were
the exact point
between that which escapes.

They embrace each other. Night
puts species in their mouths.
They pull their bodies closer to the walls
and they grow like rocks
with plant names.
Like rocks they grow and interlock.

From *Cobalto.*

Translated by Carlota Caulfield and Stacy McKenna.

La poesía otra de Barcelona

La poesía otra de Barcelona

Hace ya algún tiempo que se viene manifestando *otra* poesía en Barcelona. Es una escritura surgida en diferentes círculos, donde se reúnen los poetas, se hacen lecturas, se editan plaquetes, se programan ciclos. Poesía en el Metro, en *Hora de Poesía*, en la Academia Iberoamericana, en el Aula de Poesía, en el Café Central, en La Casa del Libro. Sin embargo nunca se ha recogido en libro. Se han antologado parcialmente, eso sí, algunos autores en volúmenes diversos, o en revistas, donde concurrían en una selección nacional, de premios literarios o de otra índole. Pero no se ha hecho una selección global, de conjunto.

Entre lo poco aparecido en tal sentido se encuentra la antología de *Ficciones* (Granada, 2002), que recoge una parte de los poetas residentes en Barcelona en lengua castellana, y *Las poetas de la búsqueda* (Zaragoza, 2002), que incluye algunas de las voces tratadas aquí. Poco más. Por ello se hacía necesaria esta antología. Se trata ahora de un grupo de poetas, todas mujeres, hispanas o hispanoamericanas, que tienen Barcelona como referencia. Son escritoras con fuertes conexiones entre sí, pese a sus diferencias de estilo, de origen, de gusto y, a veces, de lengua. *La poesía otra* no es más que eso: un conjunto de voces que ha crecido en torno a Barcelona en tiempos recientes.

A grandes rasgos se podría hablar de tres vertientes, de distinto impulso: una marcada esencialmente por la *búsqu*eda de lo transcendente, otra preocupada por la cotidianidad y los *límites,* y una tercera interesada sobre todo por la *intertextualidad,* las relaciones entre escrituras.

La primera es una poesía hacia adentro, que resalta el poder de la imaginación, de la memoria y las vivencias. Su ámbito es muchas veces el de lo sagrado, con diversas ópticas: el amor, el sueño, la muerte. Por eso los románticos anglo-germánicos (Blake, Novalis,

Hölderlin), los expresionistas germánicos (Trakl, Rilke), los vanguardistas hispanoamericanos (Vallejo, Huidobro), los trágicos griegos o franceses (Sófocles, Racine), el mundo artúrico (Chrétien de Troyes, Wolfram von Eschenbach), la poesía amorosa medieval (Dante, Petrarca, Ausias, los trovadores), la cábala (el *Zohar*, Abulafia), el sufismo (Attar, Ibn Arabi) y, entre los actuales, Gamoneda, son sus referencias esenciales.

La segunda es una línea más diurna, que centra su atención en lo cercano, tangible e inmediato. Su espacio es normalmente el urbano y su visión crítica, irónica, aunque a veces también tierna, íntima. Es una poesía más bien de la mirada, de lo cotidiano, que resalta el mundo de los objetos, y a menudo trata de distanciarse. Su preocupación es el habitante y su entorno, el ser y las paredes, la existencia en la urbe. De ahí también su engarce con algunos autores del 27 —Guillén, Salinas, Cernuda—, y con otros como Francis Ponge, Emily Dickinson, Sylvia Plath, Clarice Lispector, Adrienne Rich, o Ingeborg Bachmann.

La tercera, con una concepción más formalista, hace surgir el poema de la forma misma, aunque parta también de otras experiencias como el viaje, los exilios, la actualización de tiempos, y aunque se sirva de distintos medios desde el arte minimal al audiovisual. Por eso, cualquier texto aquí es una referencia posible, desde el mundo de Safo al de Lezama Lima, desde el Tao a los *Mabinogion* galeses, desde Propercio hasta Samuel Beckett, desde Shakespeare a Bashô, o desde la poesía visual a la digital. Cómo nos hace el poema más que cómo lo hacemos es aquí lo fundamental. Tres vertientes, pues, que pueden contagiarse entre sí y que a veces conviven, pero que quedan bien delimitadas.

Una parte de la poesía de la *búsqueda* podría estudiarse bajo la óptica del *tránsito de la noche* y *la muerte generatriz*. Ya sabemos que la noche y la muerte resurgen en ciertos momentos, porque sí; y eso es lo que sucede en la última década. Aunque ahora no se trata de una experiencia escrituraria más, sino, a veces, también de una especie de *quête* o *vivencia* mística. Tal es el caso de Carmen Borja, de Teresa Shaw, de Rosa Lentini, Marga Clark y Gemma Mañá. Tránsito de la noche, vivencia íntima.

Intensos y desolados son los versos de Carmen Borja en el *Libro de Ainakls* (1988), verdadero presagio de una muerte anunciada, que va desde los *minnesänger* germánicos hasta el mundo homérico, y desde éste al paisaje céltico irlandés. Recreado como un viaje nocturno a la tierra mítica de Evin, Ainakls, el extranjero, pasea su abismo como los héroes antiguos conocedor de su exilio entre los hombres y el alto precio de saberse diferente. Y no muy distinta es la visión del *Libro de la Torre* (2000), canto de amor profundo, lamento por la pérdida del amado, que se alza con un impulso lírico sorprendente. Continúa la sensación de apartamiento y se encuentra al fin con lo que fue el principio: el silencio. Relacionado también con el *Empedocles* de Hölderlin y con las *Noches* de Novalis y de San Juan de la Cruz, tiende a una iluminación, una comunión con lo sagrado, pues de eso se trata, de transfiguración: "Y en eso llegó la muerte. / Vino a ti el bosque sagrado de los cedros. Y el dios extranjero condenado al canto. El héroe loco en una playa extraña. El suplicante que rasga el silencio más puro. El ángel que llama a cualquier puerta". Ese es el ambiente que se respira en el libro. Pero antes del cierre se abre a una nueva luz, luz que es absorbida, como en la Tradición, y transforma a la hablante. Borja un día entró en poesía, como otros entran en religión, y dejó todo lo demás: crítica, obligaciones, ruidos transitorios.

Tensa también es la noche de Teresa Shaw, especialmente en su libro *Evocación de la luz* (1996), inmersa en el mundo de la *Fedra* de Racine. Escrito en una serie de fragmentos sin numerar, la noche de Fedra en esta poeta no nos habla del remordimiento, sino de la verdadera conciencia del personaje, de su búsqueda de la luz: de ahí también el epígrafe de Lezama Lima, que da título a la composición. Otra lectura es la de su libro *Destiempo* (2003), que aparece como una imagen del mayor de los despojos, acercándose así a ciertas visiones de Gamoneda y Vallejo. Por ello, se puede apreciar también aquí una "andadura hacia la desposesión". La noción de "destiempo" no hace referencia al tiempo que marcan los relojes, sino a un tiempo vivido con desgarro, o una "actualidad arcaica". Así crea "instantáneas" partiendo de algunos iconos (fotografías) y recrea una serie de visiones, donde la palabra se convierte en el vehículo de la extrañación del lenguaje. La escritura misma aparece entonces asimilada al cadáver, extremándose en el "frío de los límites" como dice Jacques Ancet, en la paradoja de la nada. Poesía reflexiva, de reflexiones, o "realismo metafísico", según lo llama Jaime Siles. Pero nada como el arranque tremendo, transgresión de los límites, de aquel poema intenso, que comienza: "Ahora que he muerto, / tejeré una corona / de ramos y colgaré / una guirnalda / en cada puerta de la casa. / Más tarde, lavaré mi cuerpo". Como en las heroínas de Poe, ¡qué a destiempo la belleza comienza!

La noche de Rosa Lentini, por su parte, es la del insomnio y de la vigilia. Así aparece en las páginas de *La noche es una voz soñada* (1994) que lleva al mundo de Ives Bonnefoy, cuyo libro *Du mouvement et de l'immobilité de Douve* (1953, *Del movimiento y de la inmovilidad de Douve*, 1978) le sirve en ocasiones de norte. Los poemas, en verso o en prosa, van enlazando las distintas personas verbales, convocando voces, voces "como hilos ciegos" hacia una "historia zurcida en las tinieblas". Otro impulso creador es el que conecta con sus viajes y sus vivencias, y borra los límites entre el cerca y el lejos: el que aparece en su libro *El sur hacia mí* (2001), donde recrea el fenómeno de *la gran ola*, del *tsunami*, y recuerda que la muerte siempre aguarda y está por venir; aunque luego habrá un renacer, un resurgir, como el del fénix, que se levanta de sus cenizas. Así, tras una realidad como la del *tsunami*, lo que queda es tiempo de reconstrucción, deshielo. La poeta intercala sueños en donde baja realmente al sótano, al subconsciente, y al final se defiende con un muro protector, o con la imagen de una garza, símbolo benéfico. La garza es la intuición poética que, tras los presagios y los desastres, se alza y brilla sobre el horizonte; la luz blanca sobre el espejismo de la tarde o en la noche interior. Después sigue avanzando —Dafne, la rosa, el sendero— y en un poema último escribe: "Tus huellas / hollaron mi tierra, / las mías tu ceniza. / Pasa / como una historia / de intercambio / el verdor".

La muerte como centro aparece también en los libros de Marga Clark *Del sentir invisible* (1999) y *Auras* (2001), escritos a intervalos nocturnos, y relacionados a posteriori, con imágenes fotográficas que tomó de un cementerio veneciano. Se trata ahora, como lo llama Gamoneda, de un conjunto de *prosa en poemas*, de fondo totalmente onírico, apoyado en construcciones paralelas, en donde se dan cita juegos de opuestos, al modo de Quevedo o Porchia, pero siguiendo un entramado que gira en torno a los cuatro elementos, a veces como inversión: el polvo antes que la *tierra*, la herrumbre antes que el *aire*, la ceniza más que el *fuego*, la sangre más que el *agua*. Poesía y augurio. Por eso la obsesión por los verbos en futuro y las formas vocativas: "Vendrás consumido por el fuego, intoxicado de poemas y algas alquitranadas. Vendrás dócil y quebradizo, escondiendo tu humanidad del azul ceniza de los sueños". Marga Clark se confiesa "bordeando los límites entre lo visible y lo invisible", pero no cae del otro lado. De esta forma avanza apoyándose en "la memoria del pasado, iluminado por las luces y las sombras", pero manteniendo la distancia. Y en semejante línea se sitúan otros poemarios, como *Pálpitos* (2002), menos onírico, pero fundado también en la simbología, donde la referencia a Elémire Zolla es sólo una de las posibles, o *Amnios* (2003), tríptico del "ser antes de ser", de búsquedas y pérdidas.

Luego, como un caso aparte, está Gemma Mañá, en cuyas carpetas póstumas se recogen cuartetas llenas de presagios. La línea de Mañá enlaza con los poetas del 27 — Guillén, Salinas, cierto Cernuda — por sus trazos esenciales, próximos al silencio, pero también con la poesía catalana, con los metafísicos ingleses, y con las poetas Sylvia Plath, Ernestina de Champourcin y Rosa Chacel. Se trata sobre todo de una poesía de ausencia, levemente desgarrada y en muchos momentos tensa y desolada, como se percibe en sus *8 poemas* (1996). Desolación, que irrumpe también en furia y se pronuncia "en la linde" del asco y del hastío, cuando la vida se vuelve arena. Poesía de cenizas y de fragmentos, de protesta en voz baja. Libre, desembarazada, intimista, despojada de adornos: desnuda, transparente. Pocas veces la muerte fue tan generativa, en cuanto a impulso poético se refiere, a pesar de los símbolos y de los agujeros: "Ya no soy aquel muro / que aguantaba recio, fuerte, hermoso, / los estultos ataques de los otros. / Me desmorono, ¿veis?, hay agujeros / en mi carne que quiso ser de piedra". Los últimos escritos, sobre todo los del inédito *Tratado de urbanidad,* son como pasos hacia el silencio: al hueco, al vacío; fragmentos en que se encumbra la nada, todas las nadas: la de la vida, la de la muerte. Alguna de sus formas, incluso, recordaría a los sufíes, con su grito subversivo: "Uno más uno, dos. / ¿Uno y uno? No."

Otras veces la *búsqueda* toma otra dirección y se orienta hacia otros fines: la *quête* del graal, del amor de lejos, de la belleza. Es lo que ocurre en las obras de Neus Aguado, Susanna Rafart y Mariana Colomer. Se parte de un punto y se alcanza el centro. El tema común es el amor, el amor que arrastra desde una parte a otra parte: desde dentro, desde lejos o hacia lo alto; como algunos de aquellos de los que habla Denis de Rougemont en su libro *L'amour el l'occident* (1939, *El amor y occidente,* 1959): el mundo artúrico, los trovadores, el *dolce stil nuovo.*

La poesía como *quête* del graal es la orientación de Neus Aguado, que, arrancando de fuentes modernistas, se relaciona con la escritura artúrica medieval y arriba al seno de la tradición sagrada, aquella del "simbolismo que sabe", como lo llama Coomaraswamy en *Traditional Art and Symbolism* (1977, *Arte tradicional y simbolismo*). Sigue así una trayectoria que tiene tres momentos esenciales representados en sus libros *Paseo présbita* (1982), *Ginebra en bruma rosa* (1989) y *Aldebarán* (2000). El primero supone una experiencia intensa, con su verbo exuberante, su palabra rebelde, su hondura reflexiva. Luego en el libro sobre Ginebra cumple una doble función: por un lado enlaza con la ciudad y su especial mitología, y por otro explora su iniciación en las leyendas del ciclo artúrico. Con poemas más breves y concentrados, la poeta se hace dueña de su mundo, donde el amor-pasión no se ahorra sacrificios, ni admite reproches. "Nadie acuse a Ginebra, la reina. / Con Lancelot soñaba cada noche / y Lancelot se demoraba en justas y torneos. / No supo ni quiso preservar su honradez". Otro paso es el que da con *Aldebarán*, que se entrega de lleno a los símbolos de lo sagrado: el alfa roja de Tauro, el mensajero de las llaves, los ángeles, los sueños. Y a la vez que la experiencia se interioriza, la poesía se vuelve esencial. Así la vemos en sus libros parcialmente inéditos *Intimidad de la fiebre* (1998) y *Tal vez el tigre* (2002), en especial el último, donde admite estar "perdida" mientras persigue una especie de "quête del graal".

Diferente es la *quête* de Susanna Rafart, la del amor *de lejos*, ese "*amor de lejos*, que se convierte en el motor de toda escritura". Esta es una visión que enlaza esencialmente con el poeta provenzal Jaufré Rudel ("*amor de lonh*") y con el renacimiento italiano, pero también con la poesía catalana medieval. Ya en su libro *Jardins d'amor advers* (1999, Jardines de amor adverso), se advierte esa percepción de la lejanía, distancia e interior vía por la que discurre su verso: el sueño, la ausencia, la escondida senda. La poeta alude a la selva oscura, a la guerra de amor, al secreto guardado, al amor *ausente*, a las formas del exilio, a *lo descohort* (desconsuelo), al laberinto de las rimas. Es una poesía profunda, densa, rica en imágenes e incluso en recuperaciones léxicas. Luego en *Pou de glaç* (2002, Pozo de hielo) vuelve a reafirmar su vuelo y otra vez la mirada hacia los poetas y de nuevo Jaufré Rudel y *la distancia* generadora de poesía: "Jaufré Rudel: digues que no passa el temps en va, / tu que la distància construeixes / a la mesura del teu vers. / (...) Com transformar un vell desig en una cançó nova?" ("Jaufré Rudel: di que el tiempo no pasa en vano, / tú que construyes la distancia / a la medida de tu verso / (...) ¿Cómo transformar un viejo deseo en una canción nueva?"). De eso se trata: de construir, de transformar, de salvar los muros del lenguaje, pero de hacerlo con "*la dolcezza fonetica dei versi nasconde ermeticamente*" (la dulzura fonética del verso naciendo herméticamente), como señala Francesco Ardolino. Y en medio están los símbolos. Entonces emerge la rosa del poema:

"Voldràs la rosa? I quina rosa? Cerco la flor en el territori urgent del meu exili" ("¿Quieres la rosa? ¿Y qué rosa? Busco la flor en el territorio urgente de mi exilio").

La *quête* de Mariana Colomer es la búsqueda de la Belleza del amor, en el sentido platónico del término. Así, partiendo de una "mística del vuelo", como la llama Dionisia García, lleva a cabo una "elevación de la mirada" que desemboca en un mundo fulgurante. Tal es lo que ocurre en *Crónicas de altanería* (1999) que remite a las *Enéadas* de Plotino y las doctrinas del mundo clásico y el latinocristiano. Se trata de una fascinación semejante a la que sienten el halcón y el cetrero, la garza y el halcón. Después, en *La gracia y el deseo* (2003) da un giro y apunta hacia un mundo como el de Dante en la *Divina Comedia.* La amada recorre todos los escalones entre el amor y el sufrimiento y se dirige hacia un centro: lo divino. "Despavorida, el ansia sube / los peldaños, alcanza la atalaya / en busca del prestigio de un albor / que no me llegará en mi figura gentil, / sino desde muy lejos". Ahora los modelos son más bíblicos, aunque persista la recurrencia a los mitos y sus metamorfosis —el mundo de Ovidio—. Se ha pasado del amor humano al divino, de un eros a una hierofanía. "Hay una energía trascendente cuya fuente está en el cielo y se derrama sobre nosotros desde el momento en que la deseamos", había dicho Simone Weil. El mundo de los trovadores, la escuela siciliana, la poesía dolcestilnuovista campean sobre esta escritura: la búsqueda del centro, de los "espíritus de la mirada", del rayo y la gracia.

La segunda vertiente poética es la que se centra en el *espacio* y *los límites.* Más cotidiana y directa, e igualmente inquietante, gira en torno a un universo concreto: la vida urbana. Esto está estrechamente ligado con la noción del cuerpo murado, el deseo y sus límites, el "yo" y su soledad, como ocurre en la obra poética de Concha García y M. Cinta Montagut; pero también con la visión de los otros y su modo de *estar ahí*, como es el caso de Esther Zarraluki, Anabel Torres, e incluso, en una línea más filosófica, de Teresa Pascual. En todas ellas se da, además, una obsesión por la casa y la puerta, como puentes entre ámbitos, como umbrales que señalan los límites de los adentros y los afueras.

En Esther Zarraluki, por ejemplo, aparece esa imagen nítida, que abre su poemario *Cobalto* (1996): "Abres la puerta / como si atrás quedara un accidente". El encuentro con la realidad, así de repente, sucedería del modo más normal, si no fuera por ese "accidente", que llena de inquietud al poema. Inquietud que permanece a lo largo de todo el libro, que ella interpreta como una manera de "zambullirse en la vida y de reflexionar", como una forma de ser objetiva. Así esta objetividad — casi fílmica — nos sacude, nos golpea, nos despierta. Si el primer poema es siempre una presentación — dejando aparte *Ahora, quizás el juego* (1982) y *Hiemal* (1993) — en su caso resulta significativo. Luego está esa evocación de la realidad humilde, entrañable: la de aquellas mujeres que limpian pescado y ríen, o aquella otra que "arranca plantas / que dejó morir". Hábil en seguir el curso de poemas largos con versos cortos encabalgados, Zarraluki sabe recrear el portal, la plaza, la escalera y la calle y situar las figuras en su paisaje, figuras femeninas sobre todo, cogidas en una instantánea. Poesía urbana, sí, donde laten todos los tintes, como un coral vivo: el amor, la huida, la soledad. Aunque aquí, como en Ponge, hay que hablar también de un verdadero triunfo del mundo de las cosas, de su brillo, su presencia. Luego en su plaquete *El extraño* (2000) y el poema "La noche de Enoch", que le siguen, continúa su andadura.

Un mundo semejante es el de Concha García de *Pormenor* (1992), *Ayer y calles* (1994) y *Cuántas llaves* (1998). Aunque aquí el sujeto lírico aparece desde un yo, a veces desdoblado, que camina en solitario y con frecuencia llega a un espacio cerrado, en donde contempla el entorno y se llena de interrogantes. Interrogantes que son respuestas con capacidad de olvido, afirmaciones *in situ*, perplejidades: "Estoy viva. Oigo pájaros / porque una cortina tapa la ventana. / Pero estoy viva. / También estoy oculta / y me sumerjo en taburetes". García ha buscado un espacio y un estilo muy suyos, donde la exaltación de lo íntimo y lo cercano vale por todo su mundo, aunque a veces lo lejano también asome, como reverso. Radicalmente crítica con su cultura y su pasado, la autora busca también otros referentes: así esa pasión por Clarice Lispector, esa bronca a la figura materna, símbolo de una cultura, esa protesta contra un modelo impuesto de personas. Sus poemas, con ese ritmo oruga, característico, del que se ha hablado, tienen su fuerza también en sus peculiares rupturas: dislocación de la sintaxis, salidas bruscas, elipsis, hipérbatos, rara selección léxica, perífrasis, en suma, reflejos de una voz distinta. Otro de sus libros clave es *Árboles que ya florecerán* (2000), conjunto de poemas largos, tal vez más expresionista. Y detrás se sitúan aquellas plaquetes como *Luz de almacén* (2001) que vienen a confirmar una vez más su "soltura ante el instante".

Otro es el sentido de la cotidianidad de Anabel Torres, situada entre el antipoema y el lirismo, entre el juego y la melancolía, entre la poesía social y la denuncia política, pero con una voz desgarrada, perdida en los gestos de una realidad que se torna huidiza, siempre en espera. Como dice Helena Araújo, en ella "lo que se articula se refiere a lo que se calla". Anabel Torres busca en los huecos el tránsito de lo vivo. Huecos que se dicen la memoria, las pérdidas, el paso de un tiempo a otro y de un olvido a otro olvido. El carisma de los árboles, el silencio de las estatuas. Poeta al borde siempre. Al borde de las paradas, al borde del azar, de los semanarios. En *Poemas de la guerra* (2000), por ejemplo, vemos esa andadura solitaria, hecha de golpes y canciones, del sobrevivirse y escapar, de saltar de un mundo mágico a otro de "guijarros". Torres, además, no olvida que el hombre / la mujer son seres políticos de países donde las gentes marchan al exilio: "Vengo de mi país: / La guerra / rota / De su costado / y sigo / untada / de su sangre". Hay autobiografía, mucha autobiografía en estos poemas. Pero aún quedan espacios aquí para el sueño, un sueño que desdobla la realidad y la hace más fantasmagórica, más lejana, eco de humanas catástrofes: el sueño de la tierra, eco de la muerte. Luego en otros libros, como *En un abrir y cerrar de hojas* (2001) se perciben otras notas más íntimas, pero también perturbadoras, con ciertas gotas de ironía, sensualidad y exotismo.

Cotidiana también, aunque de ritmo y tono diferentes, es la poesía de Teresa Pascual, que avanza hacia reflexiones metafísicas relacionadas con vivencias íntimas. Lo cercano y los espacios reducidos son su ámbito preferido. Pero es ante todo el *sentimiento del tiempo*, la orientación que domina en sus poemas ya desde *Les hores* (1988, Las horas). Luego en *Curriculum vitae* (1996) y *Temps en ordre* (2002, Tiempo en orden), se reafirma su poética existencial. En el primero, paralelo a su experiencia como traductora de Ingeborg Bachmann, reflexiona sobre la morada del ser y el ser entre las cosas, el tiempo *aplazado* y el tiempo del temor, la soledad y los sacrificios, el silencio y el dolor: la intemperie vital. La poeta avanza con fragmentos, que son poemas, instantes entre lo vivo y lo inerte, pérdidas y memorias, preguntas que se incendian y se apagan: "Dóna'm la mà. No sé com anar sola / sense deixar de mi alguns fragments / per les arestes hàbils de les coses". ("Dame la mano. No sé como ir sola / sin dejar de mí algunos fragmentos / por las aristas hábiles de las cosas"). Todo un mundo de paradojas que ya anuncia el siguiente libro: *Temps en ordre*. Éste es como un juego de espejos crepusculares, donde los finales de los versos duplican los comienzos, donde las palabras se agrupan formando contrastes y los singulares se convierten en plurales. Desde ese punto de vista, citando a Valente, se trata de una poesía "construida". Al tiempo se le impone un orden. Un orden lingüístico ante todo. Las horas llenan el espacio, "el cráneo gris de la ciudad", el inexorable transcurrir.

Un vuelo radicalmente diferente es el de M. Cinta Montagut, en cuyos libros *Teoría del silencio* (1997) y *El tránsito del día* (2001) concentra lo mejor de su escritura. Con una voz que remite a los grandes poetas del siglo XX, —Machado, Guillén, Salinas, Cernuda—, compone versos escultóricos, perfectos en su forma, donde canta el tormento del deseo y las tristes barreras existenciales. Como si la experiencia de la soledad se fuese escribiendo, y se convirtieran en mármol los pobres anhelos humanos. "Todo es tiempo vivido", dice en uno de los versos que mejor la definen. Así a lo largo de sus libros, sirviéndose de formas paralelísticas, va insistiendo en sus vivencias urbanas. Su ciudad puede ser cualquier ciudad, pero los muros son siempre iguales. Y la poeta, en un intento de asir lo duradero, se sirve de elementos que conforman una simbología de lo pétreo. Aunque al final lo que domina es la presencia del cuerpo y sus sueños, el deseo y el silencio, y la autora, mediante formas paradójicas, nos va mostrando una cotidianidad sorprendida en sus perfiles de vacuidad, de ansia y espera. Poesía de madurez, reflexiva, cincelada, que nos permite vislumbrar la estancia de la hablante, donde el verdadero fulgor es el de las preguntas: "Hay preguntas redondas como globos / otras tienen aristas / como cubos de hielo flotantes en el mar / o como losas de granito".

La tercera vertiente poética de la *poesía otra* de Barcelona se basa en la *intertextualidad* y en el *minimalismo*. Es una línea fundamentada en diversos textos de la literatura universal, bien fundiéndolos, entrelazándolos, yuxtaponiéndolos o simplemente tomándolos como referencia. Son voces sin miedo a utilizar distintas lenguas, que tratan de vivir en sincronía con la poesía escrita en cualquier parte, avanzando por distintos medios: variaciones, permutaciones, composiciones arquitectónicas. La creación a partir de la forma es otra vía. Ésta supone una apuesta decidida en Ana Nuño, Carlota Caulfield, Nicole d'Amonville y Gemma Ferrón, poetas con varios registros. Intertextualidad. Rigor. Arquitectura. Forma.

Ana Nuño en su libro *Sextinario* (1999) ilustra alguna de esas poéticas. Con un lenguaje límpido, se instaura en esa actitud que rinde culto a lo cambiante, a lo fugitivo —de la estrofa y de la experiencia—, señalando como verdadero espacio el del poema, con sus zonas vacías. De este modo, nos va presentando una poesía en tránsito, donde nada permanece estancado y donde hasta el amor viaja. Poesía reticente, cuidada, donde trata de "hablar como se piensa y escribir poco". Esta forma, como ciertos movimientos de la dodecafónica y la cábala, se revela como una fuerza deslumbrante, activa, que avanza. Movimiento y equilibrio. Con ello no hace sino mantenerse fiel a un camino ya iniciado en *Las voces encontradas* (1989): el espacio del decir exacto. Luego están sus poemas de *Lugares comunes* y *Exilios*, parcialmente inéditos, vivencias de gran densidad y de acentos profundos, como "Lesbos" o "Vuelta a París". "Lesbos" es un poema muy bello, donde unos versos del "Canto a Afrodita" de Safo sirven de comentario y contraste: *"Mi cuerpo acariciado por el tuyo Atis / el viento en la montaña cuando azota los robles / más verde que la hierba"*. Mientras que "Vuelta a París" culmina de un modo muy suyo, con referencias al "otro lado" y las "sombras": "Prefiero saltar el muro y caer / de pie del otro lado de tu sombra, / en el atardecer encandilado, / como un felino, preciso y nostálgico".

Una concepción igualmente original es la de Carlota Caulfield, quien funde otras voces con la suya, convirtiéndolas en carne propia. Así en *Quincunce*, la poeta recrea "los vértices del centro del cuadrado", como un acto mágico, matemático, que le lleva a acercar norte y sur, este y oeste, y a conseguir un poemario unitario de base intertextual. Y la poeta, como en el centro de un *triskell* celta, caza sueños, evoca mitos, recrea laberintos. La experiencia no era nueva, pues ya en libros anteriores habíamos visto estos oficios. En el *Libro de los XXXIX escalones* (1995) se encuentra ya su pasión por la metamorfosis y el laberinto. Y en el multimedia *Visual games* (1993, Juegos visuales) aparecía su dedicación a los hiperpoemas (hipertextos). La poesía de Caulfield resalta la actitud viajera, la movilidad de las formas, el ritmo de los versos, las búsquedas que van y vienen: en distintas lenguas, en distintos tiempos. A este respecto resulta proverbial su extraordinario *Movimientos metálicos para juguetes abandonados* (2003) escrito a orillas del Támesis. Y así llega a ese libro último, homenaje a un inventor renacentista, *The Book of Giulio Camillo / El Libro de Giulio Camillo / Il Libro de Giulio Camillo* (2003) de "limpid and piercing verses" (de límpidos y penetrantes versos), como dice John Goodby, de sabidurías que se acercan al budismo y taoísmo, de tejidos entre el todo y el vacío, de sentencias exploradas por la "memoria viajera", en la plurilingüe lengua: "LA TOTALIDAD Y EL VACIO / y las criaturas vivientes / corrieron y volvieron". Palabras en los ojos. La reflexión, la imagen, el establecimiento de los poderes del verbo. El todo y las cosas, la metáfora del hilo. Relacionado también con la poesía del barroco, la simbología —la séptuple vía, los siete pilares— y la literatura de Jorge Luis Borges, la composición es como una reflexión, donde la palabra baja al cuerpo: "EL TEMPLO SE LLAMA TEATRO".

La poesía de Nicole d´Amonville y Gemma Ferrón está basada en elementos minimalistas. D´Amonville, como se observa en *Atrio* (2003), comentado por Pere Gimferrer, muestra gran entusiasmo por lo breve y lo fragmentario; por lo esencial y concentrado, cercano al arte minimalista de Elsworth Kelly, donde ciertos planos se cruzan creando distintas orientaciones. Es como si cierto placer por la precisión instaurara el culto por unas estructuras "reversibles", como las llama el pintor Miquel Barceló, reiteradas melódica y rítmicamente. Por ello, la poeta ha reelaborado formas breves tradicionales (la sugerencia del haiku y el impulso de la poesía arabigoandaluza) o sencillamente ha compuesto poemas, que por su corte traen a la memoria a ciertos artistas de cualquier arte y lugar (Bartók, Simons, Dickinson), aunque es en su propia vena poética donde desarrolla mejor su voz. Se trata de romper, renovar y huir de toda idea que no resulte innovadora, dice. De ahí su elogio de las formas y su transformación: "El gozo de la forma / el bozo. / Deleite las letras / el son don / En la armonía dura / la imagen alacena — / éxtasis. / Exige mi existencia / si / no arrecife, / fe". D'Amonville se acerca también a las "variaciones", o "(di)versiones", como las llamaría Octavio Paz, y de ellas su escritura también se beneficia.

Minimal o cuasi minimal, por último, es también la técnica de Gemma Ferrón. La técnica puede definirse como una suma de elementos "imprescindibles" y de "estructura". Fragmentos y sugerencias, variaciones y paralelismos. Pero en su caso hay que añadir dos elementos más: ámbito audiovisual e intertextualidad.

Tal es lo que ocurre fundamentalmente en sus obras *Latencias* (1999) y *La boda de los Ojancanus* (2001). Las *Latencias* tienen como base las *animaciones*, a partir de dos únicos elementos: un personaje y una forma oval, que se van transformando. Hay en ello, junto al fondo geométrico, de un tono rojizo/anaranjado, algo de perspectivismo barroco. Las *Latencias* son *poemas transformables* a partir de una imagen. En conjunto, un total de 178 imágenes, que progresan siguiendo la metamorfosis del fuego a la ceniza. Otra modalidad poética, digital, es la de los *Ojancanus*, que son poemas *seriables*. En éstos, partiendo de la concepción de un mito hispánico, el del cíclope *Ojancanu* (símbolo de las fuerzas del mal), y de los elementos "personaje" y "ojo", va recreando y variando un con-tinuum de cuadros, con textos, citas y sonidos. Aquí nos topamos de nuevo con la intertextualidad: desde Lautréamont a Swift, desde Macedonio Fernández a Antonio Beneyto. Pero la imagen visual es la que perdura y se impone. ¿Estamos ante un tipo de poesía que no puede ignorar los nuevos medios? De hecho algunas de estas poetas han optado por colgar sus poemas en Internet de forma permanente y trabajar con los medios audiovisuales. Por eso, Gemma Ferrón, que no duda en reafirmarse en esa vía, nos ofrece aquí unas *resonancias* vestidas de diarios — *undae, la acción* — y unas *transposiciones* de *Latencias*, que evocan la creación eléctrica y/o electrónica: "Herramientas electrónicas que no reflejan la realidad / Transmiten impulsos visuales, sonoros que conforman / Lugares / Mentales / Auto-contenidos / (LMA) / La electricidad está moviendo tanto a la máquina como al pensamiento".

Las vertientes poéticas que hemos explorado son varias, todas ellas inmersas en un nuevo lenguaje. Poesía compleja, plural, abierta y amplia, en su conjunto. Quizás sea el verdadero puente entre siglos y culturas. La presente antología ofrece la oportunidad de descubrir la *otra poesía*, la nueva escritura de Barcelona. Sin duda la *búsqueda*, los *límites* y los *intertextos* son sus principales vías.

Jaime D. Parra
Barcelona, agosto del 2003.

Neus Aguado

El artista ha de ser nómada a pesar de que no cambie
nunca de domicilio, nómada de ideas y de recorridos;
este es el único talento válido entre la demencia y la
cordura, entre la estulticia y la crueldad.

Necesito llorar cuanto el silencio esgrime
para acallar conciencias y neutralizar verdades.
Trepanar con soltura los cerebros amigos
y verificar que alguna vez existieron en mí.
Compadres de alguna fiesta inconclusa
a la que llegué con excesivo retraso.
Llegué descalza como una antigua carmelita
y mis hábitos — siempre fueron malos — impregnados de ron.
Mas eso no fue óbice para brindar por todos ellos.
Miles de copas he vaciado junto a mis amigos
y fieles bebieron y fieles bebimos durante horas.
Ninguno pudo acompañarme más allá de la vida
ni tampoco quisieron acompañarme hasta la esquina.
Pero mis amigos son buenos y todo lo festejan con vino.
Y yo soy una ingrata porque siempre me quejo:
sin comprender que ellos son mi único vino, la mejor marca.

Nadie acuse a Ginebra, la reina.
Con Lancelot soñaba cada noche
y Lancelot se demoraba en justas y torneos.
No supo ni quiso preservar su honradez
y confundió a su caballero con senescales
y en lechos de estameña hundió sus nalgas
a la espera de montar fontana abierta.
Cómo cabalga, cabellera al aire, en bruma rosa.
Cómo apaga su sed bermeja en la hendidura.

De *Ginebra en bruma rosa.*
Depositaria de la miseria
que tantos años tardé en cultivar,
déjame que ría y olvide:
El dogmatismo, tú lo sabes, lo inventó un crédulo.
Y perdona que juzgue y emita el veredicto.
No soy pitonisa, sólo soy recolectora de tristeza.

De *Aldebarán.*

46

espero en tu muerte
mi propia muerte
ribazo de revelación
en la que ser
la sola
por primera vez

14-X-2002

De *Intimidad de la fiebre.* Inédito.

Nicole d'Amonville Alegría

Parto siempre de un verso. Un ritmo irrumpe en la mo-
notonía de mis pasos e impone su medida. Si estoy de
suerte, el primer verso o pie invita al siguiente. Así, el
poema prosigue, sin asunto concreto, sostenido sólo
por la sorpresa, el hallazgo y la ilusión sucesivas.

Béla Bartók (Cuarteto para cuerdas)

Con cada voz — metátesis en arco —
oh Bartók Béla al son de IV silba
selva erigida en II, *fuerza y dulzura*;
que si Y sonido dio a luz forma en silva
clama san son tu ciego herido al marco
y a toda voz la llama conjetura:

crin que crac herradura
salpica rodea al coro
chispa en ti red al oro

que vino paz y pez contra verbena
del violoncello y III violines truena
son tenedor sin tregua y son cuchillo
suman V en cadena
tierra, mar, aire, fuego y el anillo.

En la hora baldía, o del demonio
si perfora los sueños su tridente,
cuando entre un día y otro,
durante el intervalo, a oscuras,

se cumple una visión no vista aún
los muertos vivos y los vivos
unen su vida, en esta vida mía,
derrumbando paredes, a mi espíritu
que anticipa una dicha aún no otorgada:
golpean los lamentos.

Si es la palabra el vuelo...

...perch'a risponder la materia è sorda

El gozo de la forma
el bozo.

Deleite las letras
el son don.

En la armonía dura
la imagen alacena —

éxtasis.

Exige mi existencia
si
no arrecife,
fe.

Cuatro haikai

Vuelven mosquitos
ha cesado la lluvia:
cantos de pájaros

Rema el río
de tiniebla a tiniebla
tu albedrío.

Caracol buscas
enhilar tu laberinto
bajo la lluvia.

Dedos de espuma
iluminan del mar
sólo las yemas.

De *Atrio*.

Carmen Borja

No creo en las poéticas. Lo único que se le puede pedir a un poeta es que ponga el alma en lo que escribe y que ilumine la oscuridad. Lo primero tiene que ver con el riesgo interior, la emoción y la esencia. Lo segundo, con el desvelamiento, la visión y la voz. Pero las teorizaciones son engañosas y a menudo nos llevan a enredarnos entre palabras. Y se trata más bien de acercarse a lo que está más allá del lenguaje. Por eso, mejor entrar en el poema y hacerlo nuestro.

El movimiento de los continentes. Te fascinó la imagen de aquellas enormes masas de tierra que se movían milímetro a milímetro, con parsimonia. El mapa del futuro diseñándose en milímetros. Y tú allí, haciendo memoria del pasado para ser capaz de crear presente. Buscabas nombres propios para todo lo perdido.

Y en eso llegó la muerte.

Vino a ti el bosque sagrado de los cedros. Y el dios extranjero condenado al canto. El héroe loco en una playa extraña. El suplicante que rasga el silencio más puro. El ángel que llama a cualquier puerta. El niño cobijado en medio de la noche. Y aquel que sabe del amor eterno.

De *Libro de la Torre.*

Los amigos van muriendo uno a uno y nuestro sol ocupa el extremo de una espiral modesta. Has renunciado a toda identidad, incluso a ser una mujer con gato. Caen las hojas en este otoño cobrizo como tantos, mientras tomas café con Hiperión en tu plaza preferida. Has leído que Venecia es la ciudad de la muerte: cuando tú lo dijiste no te creyeron. Quizá tenían entonces mohoso el corazón y el vuelo de las avutardas les había quemado las pupilas.

Puedes perderlo todo.
El olor de los prados en invierno,
los cuarenta matices del verde,
el sabor del pan,
el perfil de la piel amada,
el chillido gris de la gaviota.
Puedes perderlo todo.
La casa donde naciste,
la tierra que cobijó tus pasos,
la memoria del mar,
hasta el sonido de la lengua de tu madre.
Puedes perderlo todo.
Lo que sabes, lo que crees
saber, la profecía.
Puedes perderlo todo.
Pero si no puedes amar más,
llora, porque te has perdido.

Absorbes la vida por los ojos toda entera.
¿Cómo no devolver el mundo hecho palabra?
Absorbes la luz,
como si nunca más fueras a ver el perfil del árbol,
el pájaro que retorna del frío,
el mar color cobre en la tarde que acaba.
Entonces la belleza,
el trazo de la nube que dibuja el sentido,
el olor de la lluvia, el rumor del brezo,
la bendición del sol en invierno.

Expulsas la luz,
como si el silencio del náufrago fuera tuyo para siempre
y la ausencia de raíz
y la nostalgia del futuro y lo olvidado.
Entonces el exilio,
la soledad del último faro,

la incerteza inevitable del límite,
el peso del abismo y la intemperie.

Hasta que, al fin, eres luz,
pasas de puntillas, llenas de aire tus pulmones
y dejas ir, deslizas tu mirada
como el aire entre las hojas
y todo vuelve a ser perfecto.

Köln

La reverberación de la luz está en tus ojos.
Un sol tibio de invierno inunda el puente
mientras un pequeño paquebote se desliza Rhin abajo.
Pasa el tren, vibra la estructura de hierro
y cuando cierras los ojos
sientes igual que la suicida en su último instante,
mientras un cuervo
lanza el graznido feliz de la mañana.

Inéditos.

Carlota Caulfield

Mi poesía es un coro de muchas voces y una piel con múltiples
tatuajes. Soy una poeta-arqueóloga y celebro el proverbio
Zen "Todo es lo mismo; todo es diferente".

V

I
LA MEMORIA SE DISPONE A EMPRENDER VUELO,
y hace livianas sus cicatrices, apaga su olor,
a cada cual su piel de hilachas.

II
DE IDÉNTICOS HILOS ES MI TRAJE HISTÓRICO
que agradece la zozobra en la piel,
su sueño de sandalias aladas.

III
LA MEMORIA SE DESPIERTA EN PAPEL TIMBRADO
con matasellos vagabundo y letra de pluma fina,
despojo de toda visión interior, puro tacto.

IV
ALLÍ, SIGNIFICA LA CIUDAD DE LOS ANFITEATROS,
aquí, significa la ciudad de los itinerarios,
mi allí y mi aquí se validan: destino.

V
LA TOTALIDAD Y EL VACÍO,
y las criaturas vivientes
corrieron y volvieron.

VI
INFINITO HILO DE SALIVA QUE REGRESA
a imprimir en la memoria
el ojo absoluto de lo súbito.

VII
COMO SEMILLA SAGRADA LA MANO PALPA
una niñez urbana de madrugadas estrellas
y palabras de tibias espesuras.

VII

I
ANTORCHA PRENDIDA EN LA PUNTA DE LA MEMORIA
con ropa fresca que ignora a los muertos,
y una perversa lentitud.

II
EL OJO CUIDADOR VIAJA TRANQUILO
por las puertas sabias, dice,
¿y quién descifra la taquigrafía interior?

III
EL TEMPLO SE LLAMA TEATRO,
y con pilares de intelecto y de amor
construye una energía llamada memoria.

IV
TU MEMORIA CAE SOBRE MI MEMORIA
como papel tibio sobre papel tibio,
y así queda escrito el poema.

V
AIRE, FUEGO Y AGUA
son criaturas redondas,
tríada que puede ser cualquier cosa.

VI
LAS ARTES DE LA MEMORIA
en vano se ocultan en ti,
memoria tuya.

VII
DEL TAMAÑO DE UNA GOTA FUE LA MEMORIA
que empezó a transmitir señales,
y la boca quedó tibia sin voz.

De *El Libro de Giulio Camillo*
(modelo para un teatro de la memoria).

Marga Clark

*Mi poesía deambula bordeando los límites entre lo visible y
lo invisible y se nutre de la memoria del pasado, iluminado
por las luces y las sombras.*

Y así perseguían mis ojos las estrías agrietadas de las noches. Y así me
sorprendiste en un momento de debilidad amordazada. Y fue ese grito
violento, ese grito aterrador e inesperado lo que provocó el silencio
nocturno de las aves. Y me encontré rodeada de grillos durmientes y
ángeles desvanecidos mientras tu cuerpo desnudo avanzaba perdido
entre las aguas abrasadas. Y así, lentamente, sentí la luz abandonarme
toda.

Vendrás consumido por el fuego, intoxicado de poemas y algas
alquitranadas. Vendrás dócil y quebradizo, escondiendo tu humanidad
del azul ceniza de los sueños. Vendrás perseguido por las adelfas grises
de los ríos y lo verde turbio de tu sombra. Vendrás entristecido a las
orillas fecundas de mi vientre y al arrecife de mirlos madreselva.
Vendrás, a pesar de los tiempos alejados y los espacios inmensurables,
a rozar lo oscuro de mis noches.

No hablemos de los dioses ni de las ánforas enterradas por los tiempos,
ni de los narcisos yacentes en las aguas adormecidas. No hablemos de
las lágrimas que enturbiaron tu primera vida ni de los ciervos blancos
que sobrevivieron mi recuerdo. No hablemos de tus manos, ni de la
palabra firme que estalló sobre tus labios manchándome con sangre.
No hablemos de tus hombros destrozados ni de tu torso desvanecido.
No hablemos de tu ausencia infinita, tu cara sin rostro, tu mirar.

Te abandonaste al traspasar sigiloso de los otoños trágicos y al volar entrecortado de los pájaros inmaduros. Te abandonaste toda al escuchar herida el tímido quejido que penetraba sediento tu garganta.
Te abandonaste pálida y desmayada a una lúcida agonía. La hebra oscura de los ríos entretejía con sangre tu nuca adormecida mientras la arena de mis dedos se hundía en tu blanco transcurrir.

De *Del sentir invisible.*

Estoy condenada a sumergirme en tu silencio.
Sólo oigo tu color
tan pálido

De *Olor de tu nombre.* Inédito.

Mariana Colomer

La poesía es un don concedido para que yo devuelva el amor al Ser que me deseó y buscó primero. Así, de la misma forma que amo, sin entender, escribo. Mi principal quehacer será estar muy atenta a los designios de mi corazón, pues sólo desde la autenticidad podrá hablar en mí la palabra.

Nictímene

Una vez más las armas te delatan:
en lo alto del escudo la cabeza
de la Gorgona.
Hablas de tu virtud, de la prudencia,
del recto proceder,
y yo tan lejos de todo lo tuyo.
Ni una hebra de duda
se hilvanaba en tu gesto
y toda desmesura, aquí, conmigo.
¿Quién soy, dime, quién soy?
¿Mujer que oculta un cuerpo de lechuza
o ave con deseo de mujer?
A tu nocturna sombra comprendí
que ni suavísimas plumas pudieron
contener esta piel que florecía
en cada alborear.

De *Crónicas de altanería.*

Estancia secreta

Si pudiera borrar lo vislumbrado
tras esta puerta,

si la llave no hubiera profanado lo oculto
— palabras de abatir el corazón,
o las nunca entregadas,
como un tesoro inútil —,
el amor estaría a salvo.

No se retorna de lo oscuro,
la llave es el testigo con su huella
indeleble de sangre.
Despavorida, el ansia sube
los peldaños, alcanza la atalaya
en busca del prestigio de un albor
que no me llegará en mi figura gentil,
sino desde muy lejos,
de allí donde se eleva la mirada
y la sueña el azul.

Sin consuelo

Busqué el anochecer para el encuentro,
cuando es más cierta y oscura la entrega,
pero no hubo temor, como otras veces,
pues toda me ocupabas,
y hasta la sangre supo
que el don excedería a toda pérdida.
Aquí, en lo escondido
me desprendí primero de lo dulce,
me reservé lo amargo.
Y qué olvidada de mí en la renuncia,
y qué ensalzado eras en mi carne.
Tú me ofreciste amparo de gozo y lágrimas
conforme a mi afición. Ahora dejas
que sea yo quien aparte el consuelo.

Sosténme en tu tiniebla.

Reminiscencia

El alma, qué desconocida
antes de tu palabra,
¿En dónde las cancelas,
las puertas al azul?

Qué desdichada sin saberlo,
ya que perdida la memoria
sólo quedó la tenue sombra de lo vivido.
Pero llegaste y fuiste por amor
el mensajero, y yo por ti buscándome,
buscándote, al fin hallé mi centro.

De *La gracia y el deseo*.

Gemma Ferrón

El pensar visual: La fuerza de la imaginación, como elemento
de la facultad de procesar, aprendiendo a ver y percibir
correctamente.

undae

19:09 — todavía resuena el ángelus
no es posible ¿será una *heliopausa*?
compruebo la vida en el espejo escarchado
encerrada en la cama con sabanas de sábana
que no han servido de nada
19:10 — todo el habitáculo está
con cabellos congelados y labios violáceos
la sensación de que alguien se ha ido
que ha estado, vomitado una bruma, alojando brillantina patinada
sobre las paredes, en los miembros inanimados
contexto extraño para un verano que anticipaba resonancias de *undae*.

París, agosto del 2002.

I. La creación eléctrica

Herramientas electrónicas que no reflejan la realidad
Transmiten impulsos visuales, sonoros que conforman
    Lugares
        Mentales
            Auto-contenidos
                (LMA)
La electricidad está moviendo tanto a la máquina como al pensamiento.
Manejamos secuencias eléctricas precisas, movimientos electrónicos,

puntos y vibraciones irreductibles. Se vuelcan de forma contenida y finita desde una realidad que siempre consistirá en rasgos infinitos e/o inabarcables en su totalidad. ¿Crean un pensamiento electrónico en su realización y en su recepción?
Esta realidad da impulso a la herramienta.

II. La herramienta

Una máquina con miles de matices, compleja, compuesta de muchas herramientas simples y siempre inabarcables. Conceptos que extienden — extender es aclarar — el uso de cómo utilizo una herramienta electrónica:

Todas las imágenes están dirigidas hacia una acción: la repetición de lo amable generando un ritmo que da vida al LMA. Una latencia.
La pantalla contiene la proporción y da el ángulo de trabajo — el punto de vista.
Transparencia, unas imágenes reflejan otras y viceversa: su unión crea la perspectiva.
Distorsión arrastra la perspectiva, la proporción y el ritmo. Las imágenes ligadas se mueven juntas. La distorsión arrastra la perspectiva, la proporción y el ritmo.

III. La definición

Color – Movimiento – Dimensión – Artefacto – Demo: es en este mundo como se le llama a veces a un boceto

IV. La cosmogonía

Sublimación – cambio de estado de los personajes, con el incesante trabajo del equilibrio –femenino + masculino– equilibristas concentrados, no podría ser de otra manera mas que profesionales.
– Huevo principio y final de la sublimación – trono sin aposento –.

En cinco planos, pues el sexto la ocupa el observador, se desarrolla este espacio magmático y en efusiva = erupción volcánica relativamente tranquila, en la cual la velocidad de la lava fluye lentamente como la de alguien que camina, como un latido. Una Latencia.

Barcelona, mayo de 1999.

Concha García

Mi poética: consiste en anotar una serie de pérdidas, sus aristas contrapuestas, revelar complejos viajes de ida y vuelta, permanecer en lo que subyace, distinguir esos brillos extraviados que de pronto recoge la mirada y se convierten en una suerte de frases.

Bajo los auspicios

La cosa más profunda que he vivido
ya la he olvidado. Ahora sólo me importa
arreglar la ventana si se rompiera, o
limpiar los cristales. Todas las verdades
han sido un largo pronunciamiento sin fecha,
de pronto no recuerdo ninguna. Se confunden
encaramadas bajo los auspicios de mi necedad
que tampoco se precia. A mí me gusta
el encantamiento de ciertas tardes, cuando
lo evidente no es real.

De *Pormenor.*

El tiempo sí regresa

Una cacerola que dejé puesta un día
sobre el mármol de la cocina.
Aquel lugar deshabitado largos años
mantuvo el utensilio. Yo era otra
al volver a destaparla. Vi moho
vi roña, vi partículas muy confusas
nadando en el agua pestilente. Vi
la forma de la cacerola intacta.

Recorrí con la mirada cansina
los alrededores del lugar, y el tiempo
se volcó sobre mi: el mismo edificio,
la misma calle, las mismas acacias.
El hedor de la cacerola era tan intenso
que me aparté a la ventana
para respirar. Mirando la calle
vi la misma gente, las mismas
posturas de la gente, las mismas
conversaciones de la gente. Lo vi
todo igual. Vacié aquel hediondo
líquido y restregué la porcelana
con un viejo estropajo que se deshizo
entre mis dedos.

De *Ayer y calles.*

Negro

Siempre que camina hacia la casa
por la tarde, casi al anochecer,
esa hora de julio que trae de cabeza
a los pájaros donde anidan los sin nadie.
Busca un bar, una rigidez para
su espalda, una obligación
de apartarse del mundo con el sigilo
de quien pregunta la hora a desconocidos
y ve unos ojos. Pero se sabe
que unas cuencas son lo más profundo,
que tras ellas lo negro.
Una mujer contempla botellas,
no parece una noche para beber
sino para pasar páginas enteras.

Más allá de ser mujer

Estoy viva. Oigo pájaros
porque una cortina tapa la ventana.
Pero estoy viva.
También estoy oculta
y me sumerjo en taburetes. Noto
que aprender a vivir es estimulante
para aprender a morir, pero estoy viva
en un pasadizo que me conduce
a voces que no me llaman
y piden ginebra a un hombre de blanco
vestido como un farmacéutico
de hace un siglo. Mis elucubraciones
me hacen pensar en la distancia
como si fuese abstracto estar en tres sitios
simultáneamente.

De *Cuántas llaves.*

Rosa Lentini

*Concebir la poesía como la búsqueda de una voz originaria
y hacer del verso un ejercicio de remembranza.*

Voces que os unís como hilos ciegos a la noche, acercaos a nuestra
mano que surge desde la tierra hacia esa historia zurcida en las tinieblas,
donde nuestra piel abraza el nombre del día como lo hizo antes con el
del agua y reconoce esta llamada vuestra cubierta de polvo y cieno de
sueño; decidnos si una manera de arraigar son estas palabras que
insisten en coser nuestras voces, responded si una manera de
nombrarnos es este lenguaje de signos rotos en el recuerdo.

De *La noche es una voz soñada.*

Di, ¿cómo es la tierra?

La memoria como el filamento de un perfume
o un brezo en flor,
va al encuentro de lo breve:
una naturaleza muerta
llevada por los nervios frágiles
de las desmesuradas palabras del poeta.

Allá queda el insomnio, como un bazar desierto,
allá quedan los hemisferios, en la incredulidad.
Falsos cielos que sobre las colinas
los barrían.

El ave

Una garza aparece de vez en cuando sobre el puente,
revolotea y remonta el curso del río.
Su plumaje blanco deja una fisura
en el cielo del atardecer
que la tela de la noche devolverá como luz.
Su chillido delata un mar dejado atrás.
Muy cerca de la costa tu ojo se oscurece
en la arena bajo la sombra de los pinos.
Los cuerpos de los bañistas vigilan y esperan.
Se agita la espuma, blanca de sal.

Antes de que la hora de los muertos rastrille
el tiempo de la playa, los hombres se duermen.
Por encima de sus cabezas, leve, el gran pájaro
del crepúsculo ilumina el camino de regreso.

De *El sur hacia mí.*

La rosa de hielo

La rosa esculpe
sus violentos colores en el frío,
y no es sino quimera de la rosa
en la nieve, rosa de invierno,
agua helada, blanco en lo blanco,
ofreciéndose.

La rosa crepita en la llama,
y en la desolación de la nieve
no hay deshielo demasiado lento.

De *Las cuatro rosas.*

Tus huellas
hollaron mi tierra,
las mías tu ceniza.
Pasa
como una historia
de intercambio
el verdor.

Inédito.

Gemma Mañá Delgado

Mis palabras fueron siempre
de carne y sangre . . .
Me cegaron
los nombres y las cosas,
cerco en el que me debato
igual que todos.
(Texto 10)

Texto 7

A veces quisiera olvidarme totalmente
y darme al agua, a la arena
o tal vez al sepulcro.

Como la grama que se ahoga
en surco, como siempre durmiendo
bajo el cálido peso de la roca.

Como la lluvia, tragada ávidamente
por el polvo quemado en el deseo,
que ha de volver al seno de su fuente.

Texto 13

Ya no soy aquel muro
que aguantaba recio, fuerte, hermoso,
los estultos ataques de los otros.
Me desmorono, ¿veis?, hay agujeros
en mi carne que quiso ser de piedra.
Y esto es el tiempo, el cansancio,

y un no sé qué muy agrio
que me ronda los labios y los ojos.
Ya sólo pido:
no vengan a pacer tristes ovejas
en mis ruinas desoladas...

Texto 14

Hay una ausencia
para cada uno de nosotros.
Lenta y serena,
abre hoyos y surcos
donde acogerse pueda
la semilla del odio.
Insensible quietud,
red de olvido finísima:
la ausencia como araña
que teje sin cansancio,
ha tendido su trama
—recuerdos, tedio, plomo—
para dejarnos solos.

De *Textos*.

3
Ausencia como amor

Cóncava adoración.
El Hueco.
La Sed.
La Luz.

7
Eros y Agape

Eros poseedor y poseído:
desde tu frenesí es imposible
colmar el convivio y armonía del Agape.
La paciente amistad y la dulce cesión no se avienen contigo.
¿Eros o Agape?, mi voluntad pregunta
Y, tensa, se dispara y desea:
Agape en Eros.

12
Atracción

No es geometría.
Ni biología.
¿Filantropía?

13
Matemáticas

Uno más uno, dos.
¿Uno y uno? No.

Barcelona, 7 de abril de 1994.

De *Tratado de urbanidad para / en el amor.*

M. Cinta Montagut

*Concibo la poesía como una búsqueda incesante a través de
la percepción, de la experiencia de la otredad, de la reflexión
sobre la escritura. La palabra poética es a la vez un espacio
de libertad y de juego.*

La transgresión es siempre
un requisito previo
un viaje por el conocimiento hacia el placer
de una alusión
de un gesto.
La transgresión es siempre
un rito compartido
un cántaro que quiebra la memoria
de una elipse,
de un viaje.
La transgresión
un túnel
un espejo vacío.

De *Par.*

Todo es tiempo vivido.
Cada regreso al fondo de los ocultos
pechos tras la máscara oscura de la lana
o el raso o la seda crujiente.
Difícil soledad la del amante,
la del buscador de amatistas,
la del que hiere sin saberlo
los ojos que han huido de la tarde.
Todo es tiempo vivido en nuestros cuerpos.
Si tus ojos oscuros iluminan el cuarto,

el equilibrio ausente de la lana,
el devenir sin nombre de los pájaros,
mis manos mentirían, tal vez,
reconstruyendo el alba del verano.
la imagen se destruye en el espejo
y es todo, para siempre, ha sido.

De *Teoría del silencio.*

Hay días que son páginas en blanco
en que ninguna línea se aventura
a trazar un camino de palabras o sombras.

Hay días que el cuerpo se prepara
a combatir en guerras ya perdidas
por otros cuerpos antes
de conocer el corazón y la mañana.

El tiempo escancia avaramente los minutos
en el vaso vacío de mi tarde.
El susurro del viento en la ventana,
una calle que busca la sombra del alero
y el agua que me brinda sin saberlo
su transparencia móvil.
Impaciente apuro la bebida
y espero.

De *El tránsito del día.*

Hay preguntas redondas como globos
otras tienen aristas
como cubos de hielo flotantes en el mar
o como losas de granito

y pesan en el pecho y en los brazos.
Un alfiler podría atravesar el globo
hasta encontrar el centro del deseo
hasta secar el mar.

Inédito.

Ana Nuño

El poeta no es una boca de sombra (o de luz) que en la oscuridad (o en pleno día) pronuncia incomprensibles oráculos (o banalidades urbanas). Hace con lo que tiene a la mano, y lo que tiene a la mano no es sólo una lengua, es también un lenguaje. Un lenguaje de formas.

Vuelta a París

Regreso de día a tu oscuridad.
Nada de lo que acontece es visible
entre tus altos muros sumergidos.
Afuera es aquí un vocablo inútil.
De qué me sirven las puertas abiertas,
las tardes de infancia y siesta secreta,
los profundos pasillos de la fiebre
en las inmóviles tardes del trópico.
Tu gris diluvio oxida mis cerrojos,
tus helechos invaden mis pasillos,
tus esponjas me amordazan, tu musgo
es una tapia que oculta y condena.
No sé flotar en tu blandura,
deslizarme sobre la casa ahogada
y reconocer con fingido asombro
el tesoro en el arca sumergido.
Prefiero saltar el muro y caer
de pie del otro lado de tu sombra,
en el atardecer encandilado,
como un felino, preciso y nostálgico.

De *Exilios,* París-Barcelona, 1990-1993.

Lesbos

I

No veo nada en Lesbos, dice, sólo
un sendero de chivos que conduce
entre espinos al aljibe,
un pozo seco.

Los prospectos hablan de llanuras fértiles,
trigo, uvas, unas famosas olivas
y algún que otro terremoto,
de vez en cuando.

Pero no hay agua en Lesbos, ríos, fuentes,
lagos como ojos cegados de niño
muerto, piensa el poeta,
decepcionado.

El amor es una elemental flor
de secano, o un olivo y su sombra,
y en ese charco el cadáver
de algún recuerdo.

Bajo la costra reseca del sol,
sin los visos del aguaje romántico,
las rocas hierven de gusto,
cruje el sudor.

Sube de la noche y sus piedras frías
el chirrido de una lluvia de flechas:
tu sangre olvidadiza
batiendo sueños.

II

En mi casa no hay balanzas ni platillos
nada para pesar los suspiros las lágrimas
los sueños que despiertan olvidados

Mi cuerpo acariciado por el tuyo Atis
el viento en la montaña cuando azota los robles
más verde que la hierba

Deja el oficio de tasador de sombras
que los impares busquen igualar en otro cuerpo
la ilusión del otro lado

Apaga mi corazón Atis te quise hace tiempo
pero morirás algún día no miento
quisiera estar muerta

En mi alcoba no hay baúles arcones
no escondo juramentos contratos tinta invisible
para redactar mis prisiones

Cuando me hayas olvidado Eros
de nuevo Eros el sinuoso
te romperá los huesos

III

No hay que dejar que hable el poeta en Lesbos,
donde todo, el pozo sin agua, las olivas
amargas y dulces como la sangre,
el trigo olvidado, reseco en las lomas,
las piedras abrazadas por el polvo,
ha adquirido el no despreciable hábito
del silencio.

De *Lugares comunes*, Barcelona, 1994-1996.

Teresa Pascual

Describir con el deseo de mostrar las cosas tal como se presentan, en su propia manifestación e individualidad. Como si fuera posible aislarlas. Aumentar la capacidad de análisis con la actitud serena de quien contempla sin emitir juicios, con la ausencia del dogma y de la norma.

Quan trobes el seu cos
camina lentament,
beu la calor, la llum,
beu-te a glops el seu vent
i en arribar al ventre,
aguanta l'aire dins,
pensa el seu cos,
camina,
camina lentament,
el ritme del teu pas
és el ritme del sol.

Cuando encuentres su cuerpo
camina lentamente,
bebe el calor, la luz,
bébete a sorbos su aliento
y al llegar al vientre,
aguanta el aire dentro,
piensa su cuerpo,
camina,
camina lentamente,
el ritmo de tu paso
es el ritmo del sol.

De *Les hores*. Versión de Neus Aguado.

Dóna'm la mà. No sé com anar sola
sense deixar de mi alguns fragments
per les arestes hàbils de les coses,
no havent sabut aprendre a beure el vi
que hi ha ara intacte a la botella.

Dame la mano. No sé cómo ir sola
sin dejar de mí algunos fragmentos
por las aristas hábiles de las cosas,
no habiendo aprendido a beber el vino
que permanece intacto en la botella.

Fantasmes

Tornaren quan la vida
ja no mirava arrere.
Sense ningú saber-ho,
com quan s'obri una porta
de sobte, a mitja nit,
callats com el secret
que de la teua mà
tendrament m'acompanya
per remots passadissos.

Fantasmas

Volvieron cuando la vida
ya no miraba atrás.
Sin que nadie lo supiera,
como cuando se abre una puerta
de repente, a medianoche,
callados como el secreto
que de tu mano
suavemente me acompaña
por remotos pasadizos.

Allò que el vespre crema
forma gavells de cendra
a l'esquena dels hòmens.
Ni el mirall ni la nit
podran ser innocents
quan algú els pregunte.

Lo que el anochecer incendia
forma gavillas de ceniza
en la espalda de los hombres.
Ni el espejo ni la noche
podrán ser inocentes
cuando alguien les pregunte.

De *Curriculum vitae*. Versión de Neus Aguado.

Sonaren les campanes de l'església
i s'ompliren de nit els carrerons,
de portals insegurs, de sostres dèbils.
Les vaig comptar, exactament les set,
puntuals, desoladament les set.
Una a una s'aferraven a l'aire
rondant el crani gris de la ciutat.

Sonaron las campanas de la iglesia
y se llenaron de noche los callejones,
de portales inseguros, de débiles techos.
Las conté, exactamente las siete,
puntuales, desoladamente las siete.
Una a una se aferraban al aire
rondando el cráneo gris de la ciudad.

De *El temps en ordre*. Versión de Neus Aguado.

Susanna Rafart

El poema es un metal ligero que busca la claridad en las
sombras: objeto dúctil que tiende a la permanencia. Mis
lecturas cíclicas son: los trovadores, los expresionistas
alemanes y la poesía italiana. La poesía sólo cambia la poesía.

Una llum, Sadeq Hedayat
caurà rere les muntanyes
estrats negres de minerals solidificant-se
mentre els vells braus s'allunyen ofegant-ne l'herba.
Ja aleshores el teu mussol d'angúnies
s'haurà begut tots els silenci,
definitivament.
En el teu món, digues, també
hi hagué una porta tancada?

Una luz, Sadeq Hedayat,
caerá detrás de las viejas montañas,
estratos negros de minerales solidificándose
mientras los viejos toros se alejan ahogando la hierba.
Para entonces tu lechuza de angustias
se habrá bebido todos los silencios,
definitivamente.
En tu mundo, dime, ¿también
hubo una puerta cerrada?

Cal tallar les canyes on remouen els ocells.
En els teus poemes sempre hi ha nens, Georg Trakl.
Tallem les canyes, doncs. I els ocells i els ocells
s'enduran els seus jocs.

I la nit revindrà com una bassa podrida
per rentar els peus dels nostres herois.

Hay que cortar las cañas donde alborotean los pájaros.
En tus poemas siempre hay niños, Georg Trakl.
Cortemos las cañas, pues. Y los pájaros y los pájaros
se llevarán sus juegos a otra parte.
Y la noche crecerá como una balsa podrida
para lavar los pies de nuestros héroes.

Com aquella navalla desitjada d'infant,
de fulles desplegades i bell mànec vermell,
amb el seu nom gravat. Ha anat creuant els anys
perseguint-la entre somnis: fines fletxes de faig
o talles d'animals en fusta de noguera,
el nus antic d'un cedre, la sang d'un cos primer.
De gran, n'esmola el tall, guanyat en la memòria
on abat les malures que embosquen els records.

Como aquella navaja deseada en la infancia,
hojas desplegadas y bello mango rojo,
con su nombre grabado. Ha ido atravesando los años
persiguiéndola entre sueños: finas flechas de haya
o tallas de animales en madera de nogal,
el nudo antiguo de un cedro, la sangre de un cuerpo nacido.
Ya adulto, afila el corte, ganado en la memoria
donde derriba las plagas que espesan los recuerdos.

Jaufré Rudel: digues que no passa el temps en va,
tu que la distància construeixes
a la mesura del teu vers.
Cavall de glaç sobre clars ritmes llemosins

s'adelera cap a Trípoli:
Caldrà morir quan vegis la ciutat?
Com transformar un vell desig en una cançó nova?

Jaufré Rudel: di que el tiempo no pasa en vano,
tú que construyes la distancia
a la medida de tu verso.
Caballo de hielo sobre claros ritmos lemosinos
se apresura hacia Trípoli:
¿Será necesario morir cuando avistes la ciudad?
¿Cómo transformar un viejo deseo en una canción nueva?

De *Pou de glaç*. Versión de Rodolfo Häsler.

Dels beneficis de cultivar un bancal, no ens en diuen res els homes a
pagès. Pendents de la meteorologia i les subvencions, s'inclinen poc a
recomanar un esforç que no han volgut transmetre als fills. De cavar,
n'he après dels poetes: llevar-se enmig del son, obrir un forat al cor i
mantenir l'opacitat dels mots sense trencar el filat, i amb càvec ferm
sepultar el bulb fins a sentir-lo transparent.

De los beneficios de cultivar un bancal, nada nos dicen los hombres del
campo. Pendientes de la meteorología y de las subvenciones, son poco
dados a recomendar un esfuerzo que no quisieron transmitir a sus hijos.
A cavar, me enseñaron los poetas: levantarse en sueños, abrir un hueco
en el corazón y mantener la opacidad de las palabras sin romper la trama, y con un golpe seguro de azadón sepultar el bulbo hasta sentir su
transparencia.

Voldràs la rosa? I quina rosa? Cerco la flor en el territori urgent del meu
exili. Amb una gúbia d'arç arrenco pètals del linòleum del teu cor.
Voldràs aquesta rosa? És massa lent el roig que se'n desfulla. No,
aquesta no. Sí, però, la rosa negra d'immarcescible primavera, l'obscura
rosa fonètica, la rosa sense oxigen, cranial, la que defuig néixer i morir
en els camps àrtics de la pàgina en blanc.

¿Quieres la rosa? ¿Y qué rosa? Busco la flor en el territorio urgente de mi exilio. Con una gubia de espino albar arranco pétalos del linóleo de tu corazón. ¿Quieres esta rosa? Es demasiado lento el rojo que en ella se deshoja. No, esta no. Sin embargo sí la rosa negra de inmarcesible primavera, la oscura rosa fonética, la rosa sin oxígeno, craneal, la que evita nacer y morir en los campos árticos de la página en blanco.

De *Sobre el tossal*. Inédito.

Teresa Shaw

Escribir es, en realidad, un acto de fe. La fe vive en el extra-
ñamiento de lo que no conoce, en la esperanza de lo que sabe
no puede esperar. Por eso nos coloca fuera del tiempo. Pero
es en ese "fuera" donde me poseo y poseo el secreto. Un
secreto que no es tal pues no hay nada que revelar, aunque,
como la fe, a veces, se puede compartir.

Ahora que he muerto,
tejeré una corona
de ramos y colgaré
una guirnalda
en cada puerta de la casa.
Más tarde, lavaré mi cuerpo,
el frágil lazo de la lluvia
hilándose al cuello.
Y como el tiempo es nada,
correré del brazo de los días,
el pelo suelto
libre de dulzuras, desasida ancla.
Así, llegaré a todas partes.
Ahora que he muerto,
rueda bajo la mesa,
negro como una uva, mi corazón.

Con sus arrecifes

> *That sufferance was my sinne, now I repent*
> John Donne

Con sus arrecifes, sus perlas del fondo,
derribó la puerta Este, inundó mi casa.
Su cuerpo desnudo flotaba en la corriente.

Te conozco, le dije.
Eres como el muerto que enterramos.
Entonces, se tumbó a mi lado
para que lo arropara.
Tenía abierta la herida en el costado.
"Pecamos para salvar a otros", murmuraba.
Con fuerza quise estrecharlo en mi pecho,
pero el vigor le abandonaba.
No sabía cómo deshacerse
del viejo cuerpo enfermo,
de la tristeza impresa en la simiente.
A su lado, la mujer encinta
desangraba una quimera,
y, por segunda vez, moría el amor
a costa nuestra.

¿Recuerdas el lugar del sacrificio?
Subíamos para desollar
con tres corderos tiernos
y cuatro cabritos no natos,
nuestros hijos bienamados.
Durante un tiempo reían en los labrantíos.
La felicidad dura lo que el secreto,
ese deber infinito.
Toma, muerde estas ciruelas silvestres,
mientras, nuestros hijos a salvo, cantan
su pródiga mortalidad.
Obsérvalos, como caballitos enanos
desperezándose junto a la verja,
disfrazados de lebreles y osos entre los almácigos,
o alzando el cuello tras las grullas.
No hablo del dolor,
aún es hermoso este valle.
Pongamos, entonces, en el lugar de la ofrenda,
a este recién nacido, nuestros brazos.

Derramemos, junto al ámbar, la resina
segregada por nuestras venas.
No hablo del dolor,
sino de los hijos que engendramos,
multiplicándose entre las estrellas,
incontables como la arena,
como pisadas de animales
que no dejan huella.
Obsérvalos, cogidos a la mano de sus padres,
creciendo felices,
bajo el resplandor de la masacre.

Cosmogonía

Noviembre,
junto a los árboles y el torrente,
liberados de toda ley.
Así vimos asomar en la tarde
al viejo venado de fuego,
su paso sosegado entre las hojas.
Aquí, nuestros antepasados
son húmeda arcilla,
el niño que yace en esta fosa constelada.
Nosotros, dos partículas,
ascuas de un fuego que ignoramos.
Querernos produjo el estallido:
millones de soles nos esperan.
Pero, al abrazarnos, no sabemos
a qué incierta galaxia nos destinan,
cuando, a una señal, parten
nuestros corceles al galope.

De *Destiempo.*

Anabel Torres

Sin modestia falsa, los poetas no servimos para nada con-
creto. Somos una suerte de comodín en el naipe de la vida,
como los payasos, los locos o los traductores literarios, to-
das ocupaciones donde el yo es desplazado o no cumpliría
esa función: la de ser loco, poeta, etcétera.

Caravanas de dedos
hacia las mismas puertas
y una angustia
de prisa
cuyos móviles fijos son los hombres.

De *Casi poesía.*

La mujer del esquimal

Ella
la mujer del esquimal
os dejó este legado:

nieves
baldías

y este pocito hirviente de lágrimas
a treinta metros de profundidad.

Una mortaja

La tarde
desciende

una mortaja para cubrir la ciudad
bebé amoratado
cianótico
abandonado sin ruido en cualquier quicio.

De *La mujer del esquimal.*

Muñecas

Soy de un país que en su primer decreto
mandó asesinar todas las flautas
y alzar un monumento
al clarinete traído de Europa.

Soy de un país que antes
de ser barrido por las aguas,
por el viento,
— antes de ser —

fue proclamado
con todo rigor sobre un trono hecho
con los huesos
de las muñecas
de niñas chibchas.

Surgen pájaros desde mi canto

Nuestro cielo nunca está anunciado.
Se abre o se cierra
intempestivo.

Una noche cualquiera
surgen pájaros desde mi canto:

pájaros
gladeando la curva de tu espalda,
mi horizonte.

De *Medias nonas.*

Untada

Vengo de mi país:
La guerra
rota
De su costado
y sigo
untada
de su sangre.

De *Poemas de la guerra.*

Esther Zarraluki

Escribir es mi manera de zambullirme en la vida y de reflexionar.

Una mujer arranca plantas
que dejó morir. Las miraba
secarse. Con sus sucios dedos
se ensaña en las raíces,
en la traición, en los tentáculos
de la hermosura.

Las pescaderas
remueven el hielo
hablan con el cliente y piensan
en sus cosas, algunas
con los pezones duros bajo
el milagro de sus puntillas
de noche aman sus carnes
tiran las cabezas al suelo
descaman la piel
con encías inocentes
asoman sus uñas rojas cuando
destripan al pez y
le cambian el nombre
el poema se les parece.

Entre los dos planos:
las cosas que acaricio
y que brillan en mis dedos,
sin necesidad de que nada las cubra

y aquello que intuyo, un centro
difícil de decir y que huye
de la metáfora, aparece
el otro. Me enseña
sus yemas y el contagio
de lo que toca, algo que no sabe
y que le lleva al silencio
cuando me mira.
Nos acariciamos
como si la carne fuera
el punto exacto
entre lo que escapa.

Se abrazan. La noche
pone en la boca la especie.
Arriman los cuerpos a las paredes
y crecen como piedras
con nombre vegetal.
Como piedras crecen y se enlazan.

De *Cobalto.*

THE POETS

Neus Aguado (Córdoba, Argentina, 1955). She has lived in Barcelona since 1965. She studied Dramatic Arts and received a degree in Information Sciences. For many years she worked as a cultural reporter in the Catalan newspapers *El Correo Catalán*, *Tele/eXprés*, *Diario de Barcelona*, *La Vanguardia* and *El Observador*. She is the author of the two short story collections *Juego cautivo* (Laia, 1986) and *Paciencia y barajar* (Tusquets, 1990). Among her poetry books are *Paseo présbita* (La Gaya Ciencia, 1982), *Blanco adamar* (Pedagógica del Vallés, 1987), *Ginebra en bruma rosa* (Lumen, 1989), *Aldebarán* (Lumen, 2000), and *Entre leones* (El Toro de Barro, 2002). Her poems have been included in several anthologies of poetry, among them, *Mujeres de carne y verso. Antología poética femenina en lengua española del siglo XX* (La Esfera de los Libros, 2002), *Barcelona: 25 años de poesía en lengua española* (*Ficciones*. Revista de Letras, 2002), and *Las poetas de la búsqueda* (Libros del Innombrable, 2002). She was the editor and wrote the introduction for José Agustín Goytisolo's *Bajo tolerancia* (Lumen, 1996), and is the co-author of the anthology of Catalan poetry *Paisatge emergent. Trenta poetes catalanes del segle XX* (La Magrana, 1999).

Bibliography

María José Ragué Arias. "*Paseo présbita* o el amor." *Diario de Barcelona* 16 June 1983.
Vicenç Llorca. "La peregrinación del amor." *La Vanguardia* 29 Dec. 1989.
Ramón Andrés. "*Aldebarán*. Neus Aguado." *Quimera* 191 (May 2000).
Carlos Morales. "Neus Aguado: Cuánto de animal y qué de Dios." *La Tribuna* 12 Mar. 2001.
Jaime D. Parra. "Poesía en Anolecrab. Poetas en la Barcelona de entre siglos." *Corner* 5 (Fall 2001-Spring 2002). www.cornermag.org/corner05/page03.htm.
- - -. "La poesía otra de Barcelona" and "Poética de la búsqueda." In

Místicos y heterodoxos. Barcelona: March Editor, 2003. 153-179 and 181-196.

Nicole d'Amonville Alegría (El Salvador, 1967). Poet, translator, and editor. She has lived in Mallorca, Paris, and London. Since 1992, she has lived in Barcelona. She received her "Maîtrise" at the Sorbonne with the thesis *El Llibre d'Amich e Amat* de Ramon Llull. Her poetry collections include *Estaciones* (Cafè Central, 1995) and *Atrio* (Lumen, 2003). She has translated texts by Shakespeare, Mallarmé, Robert Marteau, Joan Brossa and Pere Gimferrer, among others. She also translated and edited *El amor de Magdalena*, an anonymous French sermon from the XVII century, discovered by Rilke in Paris (Herder, 1996). She edited *El tórtolo y Fénix* (Herder, 1997), a book presenting a radical new analysis of Shakespeare's hermetic text *The Phoenix and Turtle*, including variations of it in different languages. Her versions of the poetry of Emily Dickinson are published in *71 poemas* (Lumen, 2002). Her latest translations are R.K. Narayan's *El guía [The Guide]* (Kairós, 2002) and Robert Marteau's *Atlante [Atlante]* (Bitzoc, 2002). In 1996 she received the Robert Graves prize.

Bibliography

Pere Gimferrer. "La poesía de Nicole d'Amonville." *Lateral* 64 (April 2001).
Jaime D. Parra. "Poesía en Anolecrab. Poetas en la Barcelona de entre siglos." *Corner* 5 (Fall 2001-Spring 2002). www.cornermag.org/corner05/page03.htm.
- - - . "La poesía otra de Barcelona." In *Místicos y heterodoxos.* Barcelona: March Editor, 2003. 153-179.

Carmen Borja (Gijón, 1957). She holds a Ph.D. in Spanish Literature and has lived in Barcelona since 1978. Besides her work as translator and literary critic, she has published the poetry collections *Con la boca abierta* (Col. Delphos, 1978), *Buscando el aroma* (Ámbito Literario, 1980), *Libro de Ainakls* (Arenal, 1988) and *Libro de la Torre* (El Bardo, 2000, incorporating the second edition of *Libro de Ainakls*). Her poems have been included in the anthologies *Conversaciones y poemas* (Siglo XXI de España Editores, 1991), *Territorien der Lyrik Spanien / Territorios de la lírica en España* (Edition Tranvia, 2001), *Barcelona: 25 años de poesía en lengua española* (*Ficciones*. Revista de Letras, 2002), and *Las poetas de la búsqueda* (Libros del Innombrable, 2002).

Bibliography

Sharon Keefe Ugalde. "Carmen Borja's *Libro de Ainakls*: A Quest for Poetic Vision." VI Conferencia Internacional de la Asociación de Literatura Femenina Hispánica. New York: Barnard College, 20 Oct. 1995.

- - -. *Conversaciones y poemas. La nueva poesía femenina española en castellano*. Madrid: Siglo XXI, 1991. 219-230.

Ana Osán. Introduction to *Libro de la Torre / Libro de Ainakls*. Barcelona: El Bardo, 2000.

José Corredor-Matheos. "Carmen Borja: *Libro de la Torre / Libro de Ainakls.*" *Quimera* 206 (Sept. 2001).

Javier Gómez Monter. *Territorien der Lyrik in Spain / Territorios de la lírica en España*. Berlin: Edition Tranvía, Verlag Walter Frey, 2001.

Jaime D. Parra. "Poesía en Anolecrab. Poetas en la Barcelona de entre siglos." *Corner* 5 (Fall 2001-Spring 2002). www.cornermag.org/corner05/page03.htm.

- - -. "La poesía otra de Barcelona" and "Poética de la búsqueda." In *Místicos y heterodoxos*. Barcelona: March Editor, 2003. 153-179 and 181-196.

Carlota Caulfield (Havana, Cuba, 1953). Of Catalan and Irish origins. She has lived in Havana, Dublin, Zürich, New York, New Orleans, San Francisco, Oakland and London. Barcelona is the city that entices and captivates her, and always draws her back. She holds a Ph.D. in Spanish from Tulane University. She is the author of *Fanaim* (El Gato Tuerto, 1984), *El tiempo es una mujer que espera* (Torremozas, 1986), *Oscuridad divina* (Betania, 1987. "Ultimo Novecento" Poetry Prize in Italy, 1988), *34th Street & other poems* (Eboli Poetry Series, 1987), *Oscurità divina* (Giardini

Editori e Stampatori, 1990), *Angel Dust / Polvo de Angel / Polvere D'Angelo* (Betania, 1990), *Libro de los XXXIX escalones / Book of the XXXIX Steps* (Luz Bilingual Publishing, 1995), *Estrofas de papel, barro y tinta* (Cafè Central, 1995), *A las puertas del papel con amoroso fuego* (Torremozas, 1996. Honorable Mention, the "Plural" Poetry Prize, Mexico City, 1993; Honorable Mention, the "Latino Literature Prize" of the Latin American Writers Institute of New York, 1997), *Quincunce* (Cafè Central, 2001), *Autorretrato en ojo ajeno* (Betania, 2001), *At the Paper Gates with Burning Desire* (InteliBooks, 2001), *Movimientos metálicos para juguetes abandonados* (Gobierno de Canarias, 2003. First Hispanic-American "Dulce Maria Loynaz" Poetry Prize, 2002), and *The Book of Giulio Camillo / El Libro de Giulio Camillo / Il Libro de Giulio Camillo* (InteliBooks, 2003). Her hyperbooks are: *Visual Games for Words & Sounds. Hyperpoems for the Macintosh* (InteliBooks, 1993) and *Book of the XXXIX steps, a poetry game of discovery and imagination. Hyperpoems for the Macintosh* CD-ROM (InteliBooks, 1999).

Her poems have been included, among others, in the anthologies: *These are Not Sweet Girls, Poetry by Latin American Women* (White Pine Press, 1994), *Looking for Home. Women Writing about Exile* (Milkweed Editions, 1990), *El gran libro de América judía* (Editorial de la Universidad de Puerto Rico, 1998), *Poesía cubana del siglo XX* (Fondo de Cultura Económica, 2002), *Las poetas de la búsqueda* (Libros del Innombrable, 2003), and *So Luminous the Wildflowers. An Anthology of California Poets* (Tebot Bach, 2003).

Her WebSite is at "http://www.intelinet.org/Caulfield"

Bibliography

Alberto Jiménez Ure. "Para leer a Carlota." *El Universal* 17 May 1987: 3-4.
Francisco Javier Satué. "La anatomía del deseo." *Cuadernos Hispano-americanos* 444 (June 1987): 163-168.
Lucía Carrasco. "De visita en México, la escritora Carlota Caulfield. Hace poesía basada en el budismo." *Reforma* (7 July 1994): 11D.
María Jesús Mayans Natal. "La poesía de Carlota Caulfield o el lenguaje de la postmodernidad." *Explicación de Textos Literarios*. Escritoras del mundo de habla hispana. Vol. 24.1-2 (1995-1996): 123-135.

Jesús J. Barquet. *Escrituras poéticas de una nación: Dulce María Loynaz, Juana Rosa Pita y Carlota Caulfield*. La Habana: Ediciones Unión, 1999. 79-94.
Rodolfo Häsler. Rev. of *Quincunce*. *Lateral* (March 2001): 24-25
Jaime D. Parra. "Poesía en Anolecrab. Poetas en la Barcelona de entre siglos." *Corner* 5 (Fall 2001-Spring 2002). www.cornermag.org/corner05/page03.htm.
Madeline Cámara. "Autorretrato con Carlota Caulfield." *El Nuevo Herald* (Domingo, 20 de enero del 2002): 3E.
Jaime D. Parra. "La poesía otra de Barcelona" and "Poética de la búsqueda." In *Místicos y heterodoxos*. Barcelona: March Editor, 2003. 153-179 and 181-196.
Maria Esther Maciel. "*Corner*. Diálogo entre Carlota Caulfield & Maria Esther Maciel." *Revista Agulha* Aug. 2003. Online. Internet. www.revista.agulha.nom.br/ag35revista2.htm.

Marga Clark (Madrid, 1954). She lives in Madrid, but Barcelona is a vital space for her creativity. She studied film in New York, and later on, photography with Philippe Halsman. Her book *Movimiento estático* is part of MOMA's collection. Her *Impresiones Fotográficas*, a collection of essays, was published in 1991. Poetry is essential in her photographic work. She received the 1993-1994 fellowship of the Spanish Academy in Rome. She published the poetry collections *Del sentir invisible* (Devenir, 1999), *Auras*, poems with photographs (El Toro de Barro, 2001), *Pálpitos* (Devenir, 2002). She is also the author of the novel *Amarga luz* (Circe, 2002) and *Amnios* (Papers de Terramar, 2003). Her poems have been included in the anthology *Las poetas de la búsqueda* (Libros del Innombrable, 2002).

Bibliography

Dolors Massot. "Marga Clark: Nada en el mundo puede iluminar con la luz de la poesía.*" ABC Cataluña* 25 May 1999.
Concha García. "La realidad recordada." *ABC Cultural* 4 Sept. 1999.
Antonio Gamoneda. "Del sentir invisible de Marga Clark." *Quimera* 187 (Jan. 2000).
M.R. "La memoria, la sombra, lo invisible.*" Babelia* 4 Mar. 2000.

Carlos Morales. *"Auras*: Los cantos órficos de Marga Clark." *Cuadernos del Matemático* 27 (Dec. 2001).
Jaime D. Parra. "Poesía en Anolecrab. Poetas en la Barcelona de entre siglos." *Corner* 5 (Fall 2001-Spring 2002). www.cornermag.org/corner05/page03.htm.
- - -. "La poesía otra de Barcelona" and "Poética de la búsqueda." In *Místicos y heterodoxos*. Barcelona: March Editor, 2003. 153-179 and 181-196.

Mariana Colomer (Barcelona, 1962). She received her Licenciatura in Hispanic Philology from the University of Barcelona. Since 1998 she has been the director of "Espacio de Poesía y Pensamiento" of the Friends of UNESCO's of the Prat de Llobregat (Barcelona). She has published *Crónicas de Altanería* (Seuba, 1999) and *La gracia y el deseo* (March Editor, 2003). Her poems have been included in the anthologies *III Antología Poética del Aula de Poesía de la Universidad de Murcia* (2000-2002), *Ilimitada voz. Antología de poetas españoles, 1940-2002* (Universidad de Cádiz, 2003), and *Cari poeti, ...afectuosamente* (Edizione La Nuove Muse, 2002).

Bibliography

José Corredor-Matheos. "Mariana Colomer: *Crónicas de altanería*." *Papel Literario* 12 Sept. 1999.
Lázaro Covadlo. *"Crónicas de altanería." Lateral* May 1999.
Dionisia García. "Vuelo alto." *Turia* 49 (June 1999).
Jesús Lizano. "Marta y María." *Cuadernos del Sur* 20 Apr. 2000.
Jaime D. Parra. "Poética de la búsqueda." In *Místicos y heterodoxos*. Barcelona: March Editor, 2003. 153-179.

Gemma Ferrón (Barcelona, 1964). Graphic designer. Artistic director of digital publications and art books. She is a founding member of the association MAD. She created *Latencias*, animation and text (Barcelona, 1999), *La ciudad del silencio,* visual poetry (Barcelona, 1999), *La boda de los Ojancanus*, video with hypertexts, produced by Antonio Beneyto (Valen-

cia-Barcelona, 2001), and *Undae*, animation with texts (París, 2002-2003).
She divides her time between Barcelona and Paris.

Bibliography

Iván de la Nuez. "Bordes."*Atlántica* 1999.
Jaime D. Parra. "Poesía en Anolecrab. Poetas en la Barcelona de entre
siglos." *Corner* 5 (Fall 2001-Spring 2002). www.cornermag.org/
corner05/page03.htm.
- - -. "La poesía otra de Barcelona." In *Místicos y heterodoxos*. Barcelona: March Editor, 2003. 153-179.

Concha García (La Rambla, Córdoba, 1956). She has lived in Barcelona
since childhood. She holds a Licenciatura in Hispanic Philology. She is
coordinator of the "Encuentros de Mujeres Poetas" in Barcelona. Codirector
of the literary review *Ficciones* and is a regular contributor of literary
criticism for *ABC*, *AVUI*, *Turia*, *Zurgai*, and *Lateral*, among others. She
published *Por mí no arderán los quicios ni se quemarán las teas* (Aula
Negra, 1986. "Aula Negra" Poetry Prize, Universidad de León, 1986) *Otra
ley* (Victor Orenga Editor, 1987), *Ya nada es rito* (Diputación Provincial
de Albacete, 1988. "Poesía Barcarola" Prize, 1988), *Desdén* (Libertarias,
1992), *Pormenor* (Libertarias, 1992), *Ayer y calles* (Visor, 1995. "Gil de
Biedma" Poetry Prize, 1995), *Cuántas llaves* (Icaria, 1998), *Árboles que
ya florecerán* (Igitur, 2000), and *Lo de ella* (Icaria, 2003). She is also the
author of the novel *Miamor.doc* (Plaza y Janés, 2001). Her poems have
been included in several anthologies, among them, *Antologia della poesia
spagnola dal 1961 ad oggi* (Nove Amadeus Edizioni, 1996), *Poesía
española de agora* (Relógio d'Agua editores, 1997), *Ellas tienen la palabra*
(Hiperión, 1997), *Antología de la poesía española 1975-1995* (Castalia
Didáctica, 1997), *Conversaciones y poemas* (Siglo XXI de España Editores,
1999), *Barcelona: 25 años de poesía en lengua española* (*Ficciones.
Revista de Letras*, 2002), and *Las poetas de la búsqueda* (Libros del
Innombrable, 2002).

Bibliography

Juan Carlos Suñén. "*Querer donde no te aman.*" *Insula* 541 (Jan. 1991): 18-19.

Víctor García de la Concha. "*Ayer y calles.*" *ABC Cultural* 13 Jan. 1995.

Miguel Casado. "*La condición de solitaria (en torno a la poesía de Concha García).*" *Zurgai. Revista de Letras* June 1997.

Sharon, Keefe Ugalde. *Conversaciones y poemas. La nueva poesía femenina española en castellano.* Madrid: Siglo XXI, 1991. 187-200.

- - -. "*La poesía. Desde el expresionismo al enigma.*" In *Historia y crítica de la literatura española*, Vol. 9/1. Ed. Francisco Rico. Barcelona: Editorial Crítica, 2000. 203-205.

Jaime D. Parra. "Poesía en Anolecrab. Poetas en la Barcelona de entre siglos." *Corner* 5 (Fall 2001-Spring 2002). www.cornermag.org/corner05/page03.htm.

- - -. "La poesía otra de Barcelona." In *Místicos y heterodoxos*. Barcelona: March Editor. 153-179.

Rosa Lentini (Barcelona, 1957). She received her Licenciatura in Hispanic Philology at the Autonomous University of Barcelona. She was cofounder of the literary review *Asimetría* (1986-1988) and director of *Hora de Poesía* (1979-1995). Since 1997 she has been co-editor, with Ricardo Cano Gaviria, of Editions Igitur. She has been the coordinator of the "Dimarts poétics/Martes poéticos" in the Casa del Llibre of Barcelona since 2000. She is the author of *La noche es una voz soñada* (Pamiela, 1994), *Leyendo a Alejandra Pizarnik* (Igitur, 1999), *Cuaderno de Egipto* (El Toro de Barro, 2000), *Intermedio* (Cafè Central, 2001), *El sur hacia mí* (Igitur, 2001) and *Las cuatro rosas* (El Toro de Barro, 2002). Her poems have been included, among others, in the anthologies *Mujeres de carne y verso (Antología poética femenina en lengua española del siglo XX* (La Esfera Literaria, 2001), *Barcelona: 25 años de poesía en lengua española* (*Ficciones*. Revista de Letras, 2002), *Las poetas de la búsqueda* (March Editor, 2002), *Poetisas españolas*. Vol. IV: de 1976 a 2001 (Torremozas, 2002), *Antología de poesía catalana en lengua castellana a partir de 1950* (Bartleby Editores, 2003), and *Antología II de Cuadernos del Mediterráneo*

(El Toro de Barro, 2003). She translated and edited the works of NorthAmerican and French poets. In collaboration with Susan Screibman she published the anthology *Siete poetas norteamericanas actuales*: May Swenson, Denise Levertov, Maxine Kumin, Adrienne Rich, Linda Pastan, Lucille Clifton y Carolyn Forché (Pamicla, 1991, 1992).

Bibliography

Miguel Ángel Zapata. "La noche y el lenguaje." *Diario 16* 4 Mar. 1995.
Miguel Casado. "El punzón y la red." *El Urogallo* May-June 1995.
M. Fernández Nieto. "La noche es una voz soñada." *Pliegos de la Academia* 19 (Apr. 1996).
Joan Perucho. "Rosa Lentini y Alejandra." *ABC* 29 May 1999.
Jaime D. Parra. "Poesía en Anolecrab. Poetas en la Barcelona de entre siglos." *Corner* 5 (Fall 2001-Spring 2002). www.cornermag.org/corner05/pagc03.htm.
Juan Perucho. "Rosa Lentini." *La Vanguardia* 31 Dec. 2001.
Manuel Rico. "Sustancia de la memoria." *El País* 30 Mar. 2002.
Pilar Quirosa-Cheyrouze. "Manual de supervivencia." *Foco Sur* 73 (Oct. 2002).
M. Cinta Montagut. "La exactitud de la frontera." *Cuadernos del Sur Diario de Córdoba* 23 Jan. 2003.
Jaime D. Parra. "La poesía otra de Barcelona" and "Poética de la búsqueda." In *Místicos y heterodoxos*. Barcelona: March Editor, 2003. 153-179 and 181-196.

Gemma Mañá Delgado (Barcelona, 1944-1996). She received a Licenciatura in Romance Philology and was a college professor. She was an active member in the Centro de Estudios Ramón J. Sender, GEXEL (Grupo de Estudios del Exilio Literario Español) and the Iberoamerican Academy of Poetry in Barcelona. She is the author of *La voz de los náufragos* (De la Torre, 1997), *Réquiem por un campesino español. Guía de lectura* (I.E.A., 2000), *Sueños de grandeza* de A. Sánchez Barbudo (Anthropos, 1994). Among her notable essays are "La poesía última de Ernestina de Champourcin" included in *El exilio literario español de 1939*, Vol. II, 1998, "Reivindicación de la poesía de Rosa Chacel" (*Barcarola*

50, June, 1996), "Viaje literario del *Guernica*" (*Anthropos* 6, 1994) and "Sobre el lenguaje poético de J. E. Cirlot" (*Barcarola* 53, June 1997). Her poetry collection *8 poemas* was edited after her death by Blanca y Daniel Esteve Mañá, with drawings by the latter (Taller Tipográfico de Luis Aliart, 1996).

Bibliography

Jesús Vived Mairal. "*In memoriam* Gemma Mañá Delgado." *Alazet* 8, (1996).
Mª Dolores Treserras. "A Na Gemma Manyà." In *Actes*. XVI Trobada Literària a Terrassa (25 Jan. 1997).
Jaime D. Parra. "Poesía en Anolecrab. Poetas en la Barcelona de entre siglos" *Corner* 5 (Fall 2001-Spring 2002). www.cornermag.org/corner05/page03.htm.
- - -. "La otra poesía de Barcelona." In *Místicos y heterodoxos*. Barcelona: March Editor, 2003. 153-179.

M. Cinta Montagut (Madrid, 1946). Professor of Spanish Language and Literature, poet and literary critic. She is the author of *Cuerpo desunido* (El Borinot Ros, 1979), *Como un lento* (Editorial Barro, 1980), *Volver del tiempo* (Editorial Gallo de Vidrio, 1983), *Par* (Los Libros de la Frontera, El Bardo, 1993), *Teoría del silencio* (Los Libros de la Frontera, El Bardo, 1997), and *El tránsito del día* (Miguel Gómez Editores, 2001). She is a member of the "Comité Científico de los Encuentros de Mujeres Poetas" and has participated in various festivals such as Trois Rivières in Canadá and Poetry Week in Barcelona. Her poems have been included in the anthology *Barcelona: 25 años de poesía en lengua española* (*Ficciones*. Revista de Letras, 2002).

Bibliography

José Cruset. "M. Cinta Montagut: poesía de amor." *La Vanguardia* 30 Oct.1980.
Federico Gallego Ripoll. "La geometría infinita del laberinto." *Turia* 28-29 (May 1994).

Concha García. "L'ordre de les coses no s'altera." *Avui* 12 July 2001.
Ramón Andrés. "Imágenes de la errancia." *Turia* 61 (June 2002).
Jaime D. Parra. "Poesía en Anolecrab. Poetas en la Barcelona de entre
siglos." *Corner* 5 (Fall 2001-Spring 2002). www.cornermag.org/
corner05/page03.htm.
- - -. "La poesía otra de Barcelona." In *Místicos y heterodoxos*. Barcelona: March Editor, 2003. 153-179.

Ana Nuño (Caracas, 1957). Poet and critic. She studied English and French
Philology in the Sorbonne-Nouvelle, Paris. She has lived in Barcelona
since 1991. From 1997 to 2001, she was the director of the literary review
Quimera. She has published the poetry books *Las voces encontradas*
(Dador, 1989) and *Sextinario* (Tierra de Gracia, 1999 and Plaza & Janés,
2002). Her poems have been included in anthologies from Brazil, Colom-
bia, France and Venezuela, and recently in Spain in *25 años de poesía en
lengua española* (*Ficciones*. Revista de Letras, 2002). She is also the author of *José Lezama Lima. Diálogo imaginario con Severo Sarduy* (2001).
Her essays, articles and reviews about literature and film have appeared in
Vuelta (México); *Syntaxis*, *Quimera* and *El Viejo Topo* (Spain); *Imagen*,
El Nacional and *El Universal* (Venezuela).

Bibliography

José Balza. Rev. of *Las voces encontradas*. *Papel Literario* 6 Nov. 1989.
Ramón Xirau. Rev. of *Las voces encontradas*. *Vuelta* 177 (Aug. 1991).
Ana María Moix. "Larga vida al medio folio." *Babelia* 16 February
    2002.
Silvia Baron Supervielle. Comentario y traducción al francés de
    "Sextina de mis muertos." In *Le Pays de l'écriture*. Paris: Seuil
    2002. 180-183.
Arantxa Fernández. Rev. of *Sextinario*. *Luke* 36 (Feb. 2003). "http://
    www.espacioluke.com"
Jaime D. Parra. "La poesía otra de Barcelona." In *Místicos y
    heterodoxos*. Barcelona: March Editor. 153-179.

Teresa Pascual (Grau de Gandia, 1952). She has studied Philosophy, now teaches in a High School and lives in Barcelona. She is the author of *Flexo* (Gregal Poesia, 1988. "Senyoriu d' Ausiàs March" Poetry Prize, 1987), *Les hores* (Poesia Tres i Quatre, 1988. "Vicent Andrés Estellés" Poetry Prize, 1988), *Arena* (Edicions Alfons el Magnànim, 1992), *Curriculum vitae* (Jardins de Samarcanda, 1996), and *El temps en ordre* (Proa, 2002).

Bibliography

Toni Clapés. "Transitar per l' angoixa amb un punt d' esperança." *Avui. Cultura* 27 July 1993.
Maria-Josep Escrivà. "De caminar per l' arena. Teresa Pascual." *Reduccions* 64 (Dec. 1994).
Lluïsa Julià. Rev. of *El temps en ordre... Serra d' or* 510 (June 2002).
- - -. "Aproximació a la poesia de Teresa Pascual." *Aiguadolç* 27 (Fall 2002).

Susanna Rafart (Ripoll, 1962). She holds a Licenciatura in Hispanic and Catalan Philology and lives in Barcelona. A professor and literary critic, her professional life moves between journalism, editorial work and the coordination of cultural projects. She published the poetry collections *Olis sobre paper* (Tres i Quatre, 1995. "Senyoriu d'Ausiàs March" Poetry Prize, 1995), *Reflexió de la llum* (Comuna, 1998. "Ciutat d'Olot" Prize, 1998), *Jardins d'amor advers* (Moll, 1999. "Joan Alcover" Prize of Palma de Mallorca, 1999) and *Pou de glaç* (Proa, 2001. "Carles Riba" Prize, 2001). She is also the author of the book of short stories *La pols de l'argument* (EDI-LIBER, 2000), and of the *Diccionari de la rima* (Edicions 62, 1999).

Bibliography

Francesco Ardolino. "Susanna Rafart. Dentro il pozzo dell'anima." *Poesia* 15.166 (Nov. 2002).
Miquel Cardell. "El glaç del foc." *Diario de Mallorca* 20 Nov. 2002.
Jordi Carrión. "Entre el foc i el gel." *Avui* 23 Apr. 2002: 25.
Xavier Cortadellas. "*Les veus encara vives*." *Presencia* 5 July 2002.

Teresa Shaw (Montevideo, Uruguay, 1951). Since 1976 she has lived in Barcelona where she received her degree in Hispanic Philology at the university. She is a poet and teacher. She has published the poetry plaquettes *Evocación de la luz* (Bauma, Cuadernos de poesía, 1996) and *Instantáneas* (Cafè Central, 1999), and the poetry book *Destiempo* (March Editor, 2003). Her poems have been included in many anthologies, among them, *Barcelona: 25 años de poesía en lengua española* (*Ficciones*. Revista de Letras, 2002), and *Las poetas de la búsqueda* (Libros del Innombrable, 2002). She translated Frieda Hughes's *Wooroloo* (Plaza & Janés, 2002). Shaw is a founding member and is on the Editorial Board of the poetry review *Barcelona Poesía 080.*

Bibliography

Anna Miñarro. "Vertiginosas islas." *Tres al Cuarto* 2 (May 1977).
Jaime D. Parra. "Poesía en Anolecrab. Poetas en la Barcelona de entre siglos." *Corner* 5 (Fall 2001-Spring 2002). www.cornermag.org/corner05/page03.htm.
Cecilia Dreymüller. "Sobre el cuello frágil el lazo." *Lateral* 85 (Jan. 2002).
Jaime D. Parra. "La pocsía otra de Barcelona" and "Poética de la búsqueda." In *Místicos y heterodoxos.* Barcelona: March Editor, 2003. 153-179 and 181-196.

Anabel Torres (Bogotá, Colombia, 1948). Poet, translator. and interpreter. She attended school in New York City. She has a B.A. in Modern Languages from the University of Antioquia, Medellín, Colombia, and an M.A. in the field of Women and Development from the Institute of Social Sciences of The Hague. Torres currently lives in Barcelona. She is the author of *Casi poesía* (U. of Antoquia, 1975, "Universidad de Nariño" National Poetry Prize, 1974), *La mujer del esquimal* (U. of Antioquia, 1981. "Universidad de Antoquia" National Poetry Prize, 1980), *Las bocas del amor* (Árbol de papel, 1982), *Poemas* (Museo Rayo, Roldanillo, 1987), *Medias nonas* (U. of Antioquia, 1992), *Poemas de la guerra* (Árbol de papel, 2000), and *En un abrir y cerrar de hojas* (Colección Las tres sorores, Prames, 2001). She is working on two books of poetry in English, *Paper Cuts* and *Human*

Wrongs, and one in Spanish, *Agua herida*. She also writes short stories and essays.

Bibliography

Helena Araújo. "Algunas post-nadaístas." In *La Scherezada criolla*. Bogotá: Universidad Nacional de Colombia, 1989.
James Alstrum. "La función iconoclasta del lenguaje coloquial en la
   poesía de María Mercedes Carranza y Anabel Torres." *Violencia y
   Literatura en Colombia*. Madrid: Orígenes, 1989. 139-151.
Cecilia, Castro Lee. "Lo existencial femenino: Eros y poesía en la obra
   de Anabel Torres." In *Literatura y diferencia*. Medellín: Editorial de
   la Universidad of Antioquia, 1995.
Jaime D. Parra. "La poesía otra de Barcelona." In *Místicos y
   heterodoxos*. Barcelona: March Editores, 2003. 153-179.
Prisca Agustoni. "Entrevista con Anabel Torres." *Revista Agulha* May
   2003. www.revista.agulha.nom.br/ag34torres.htm.

Esther Zarraluki (Barcelona, 1956). Poet and editor. She holds a Licen-
ciatura in Hispanic Philology. She is the author of *Ahora, quizás, el juego*
(Noega, 1982), *Hiemal* (Bauma, Cuadernos de Poesía, 1993), *Fin de amor*
(Portfolio in collaboration with the painter Martin Kleis, 1986), *Cobalto*
(DVD, 1996) and the poetry plaquette *El extraño* (Cafè Central, 2000).
Her poems have been included in the anthologies *Ellas tienen la palabra*
(Hiperión, 1997), and *Barcelona: 25 años de poesía en lengua española*
(*Ficciones*. Revista de Letras, 2002). Zarraluki is a member of the Edito-
rial Board of the poetry review *Barcelona Poesía 080* and is co-coordinator
of the Barcelona Poetry Week.

Bibliography

José Carlos Cataño. "Barcelona escribe Poesía en castellano." *El País*
   14 Dec. 1996.
Concha García. "Una brecha en el yo." *Revista LibroNet / El Crítico*
   Mar.-Apr. 1997.
M. Cinta Montagut. "El metal de la mirada." *Diario de Córdoba* 16 Jan.
   1997.

Eduardo Moga "Casa de voz y penumbra." *Turia* 39-40 (Mar. 1997).

Jaime D. Parra. "Poesía en Anolecrab. Poetas en la Barcelona de entre siglos," *Corner* 5 (Fall 2001-Spring 2002) www.cornermag.org/ corner05/page03.htm.

- - -. "La poesía otra de Barcelona." In *Místicos y heterodoxos*. Barcelona: March Editor, 2003. 153-179.

THE TRANSLATORS

Montserrat Abelló Soler is a noted poet as well as a translator. She holds a degree in English from the University of Barcelona. After the Spanish Civil War she was exiled for two years in England and then in Chile. Since 1960 she has lived in Barcelona. She has published seven books of poetry, among them, *Dins l'esfera del temps* (Proa, 1998. "Premi de la Crítica Serra d'Or" 1999). Recently she was awarded the "Cadaqués a Quima Jaume, 2003" the "Cavall Verd, Josep Maria Llompart Poetry Prize 2003" and the "Lletra d'Or, 2003" for *Al cor de les paraules. Obra poètica 1963-2002* (Proa, 2002). She has translated Sylvia Plath and Adrienne Rich, and apart from many other translations and publications is the author of the anthology *Cares a la finestra. 20 poetes de parla anglesa del segle XX* (Faces at the Window. 20 English Speaking Women Poets of the XXth Century). She was also awarded the "Creu de Sant Jordi" by the Generalitat de Catalunya in 1998 for her poetry translations and feminist activities.

Mary G. Berg grew up in Colombia and Peru. She has written extensively about Latin American women writers, and has translated works by Angélica Gorodischer, Ana María Shúa, Clorinda Matto, Juana Manuela Gorriti, Marjorie Agosin, Laura Riesco and Carlota Caulfield. She was awarded the NECLAS prize in 2001 for her translation of Laura Riesco's *Ximena at the Crossroads* (White Pine Press, 1998). Her most recent translations are Carlota Caulfield's *The Book of Giulio Camillo* (a model for a theater of memory) (Eboli Poetry, 2003), *Close Your Eyes and Soar: Cuban Women Write* (White Pine Press, 2003), Antonio Machado, *Proverbs and Parables* (White Pine Press, 2003), and Libertad Demitrópulos, *River of Sorrows* (White Pine Press, 2000). She currently teaches in Harvard University's Extension program.

Jonathan Boulting, a poet as well as a translator, is at present teaching English Literature at the University of Belgrade. His poems have been published in England, France, Spain, the United States, Chile and Brazil. He founded and has participated in Poetic Acts in London, Ireland, California, Barcelona and Patagonia, including the New Moon Carnival of

1966 at the Royal Albert Hall. He has translated the poetry of Robert Graves to the Catalan language in *D'Amor: 30 poèmes* published by Edicions 62 of Barcelona and, with the French poet Robert Marteau, has presented the hermetic dimensions of Shakespeare's *The Phoenix and Turtle* in *El tórtolo y Fénix*, published by Herder in 1997. He has translated from Spanish, French, Serbian, Hungarian, Swedish and Portuguese.

Carlota Caulfield is the editor of *Corner* (http://www.cornermag.org), a journal dedicated to the avant-garde. Among her published translations are *Frammenti / Fragments*, poems by Luigi Minghetti (Collana Ultimo Novecento, 1997), *Bridget* by Jack Foley (Cafè Central, 1997), (with Angela McEwan) *From the Forbidden Garden. Letters from Alejandra Pizarnik to Antonio Beneyto* (Bucknell UP, 2004), and (with Stacy McKenna) Antonio Beneyto's *Còdols in New York* (InteliBooks, 2003). Other translations have appearead in *Palabra Visual* (Mexico) and *AErea* (Chile).

Marga Clark studied film in New York and, later on, photography with Philippe Halsman. Her book *Movimiento estático* is part of MOMA's collection. Her *Impresiones Fotográficas*, a collection of essays, was published in 1991. She received the 1993-1994 fellowship of the Spanish Academy in Rome.

Angela McEwan's recent literary translations include *Irene*, a novel by Jorge Eliécer Pardo (Research UP, 2000), (in collaboration with Carlota Caulfield) *From the Forbidden Garden. Letters from Alejandra Pizarnik to Antonio Beneyto* (Bucknell UP, 2004), and the story "La llamada / The Call" by Ciro Alegría in *Amazonian Literary Review*, Issue 2, 1999. She translated Carlota Caulfield's *A las puertas del papel con amoroso fuego / At the Paper Gates with Burning Desire* (Eboli Poetry Series, 2001), Verónica Miranda's *Más de una vez / More Than Once* (Luz Bilingual Publishing, 1999), and poems from "Punto Umbrío" in *Hubo un tiempo / There Was A Time*, an anthology of Ana Rossetti's poems, edited by Yolanda Rosas and Teresa Rozo-Moorhouse (Ediciones Latidos, 1997).

Stacy McKenna received her MFA in English and Creative Writing from Mills College in 2002 and currently teaches English at the College of Alameda. She is a fiction writer, literary translator, and has previously worked collaboratively with Carlota Caulfield on short stories by Cuban women writers and on the translation of Antonio Beneyto's *Còdols in New York* (InteliBooks, 2003).

Ana Osán received her B.A. from Indiana University, Northwest with majors in English, French, and Spanish, and her Ph.D. from the University of Chicago. She is currently an Assistant Professor of Spanish and Women's Studies at Indiana University, Northwest. She specializes in contemporary Hispanic women's poetry and poetic translation. Mexican popular culture is another of her interests, and she has curated exhibits for the Days of the Dead holiday.

Anabel Torres, poet and translator. She received a B.A. in Modern Languages from the University of Antioquia, Medellín, Colombia. She was awarded the literary translation competition prize of the British Comparative Literature Association in 2000, for *This Place in the Night,* her translation of Colombian poet José Manuel Arango's *Este lugar de la noche,* published in *Comparative Criticism* Vol. 23 (Cambridge UP, 2001).

THE COVER ARTIST

MaE (Esperanza Romero) was born in Guadalajara, Jalisco. She studied painting with masters Rubén Torres Llorca and Amehed Gómez and ceramics with master ceramists José and Silvia Sacal. MaE is a member of the group of Mexican artist known as "La pandilla." Her paintings and ceramics are part of public and private collections in Mexico, the United States, and Japan. She lives in Mexico, D.F.

MaE's Web site is at: http://www.cubilesmae.com

Corner is a collection of InteliBooks
dedicated to the Spanish and
Latin American avant-garde.
General Editor, Carlota Caulfield.

Previous Titles:

Còdols in New York,
Antonio Beneyto

Forthcoming:

*Avant-Garde Hispanic
Women Artists and Writers,*
edited by Carlota Caulfield.

Visit *Corner,* an on-line journal
dedicated to the avant-garde,
at www.cornermag.org.

Printed in the United States
25129LVS00001B/61-78

9 780971 139183